学ぶ・わかる・みえる シリーズ 保育と現代社会

保育と日本国憲法

編集　橋本 勇人

みらい

執筆者一覧

● 編　者

　橋本　勇人　川崎医療福祉大学

● 執筆者（五十音順）

赤井　朱美	比治山大学短期大学部	第4章
伊藤　圭一	豊橋創造大学短期大学部	第8章
稲葉　光彦	常葉大学	第12章
彼谷　　環	富山国際大学	第11章
小口恵巳子	茨城女子短期大学	第7章
髙木佳世子	筑紫女学園大学	第9章
長沼　秀明	川口短期大学	第2章
中村　安菜	日本女子体育大学	第5章
橋本　一雄	中村学園大学短期大学部	第6章・第10章
橋本　勇人	（前出）	第1章・第14章・第15章
山口はるか	仙台青葉学院短期大学	第13章
山本　克司	安田女子大学	第3章

イラスト　　溝口ぎこう

はじめに

　本書は、大学・短期大学等の保育者養成課程（幼稚園教諭養成課程・保育士養成課程）を対象とした全15回の日本国憲法のテキストとして作成したものです。

　私自身の日本国憲法のシラバスには20年来、「日本国憲法が価値秩序であること、同時に、合憲・違憲という実体（対象）を裁判所が審査する（観察者）違憲審査の仕組みなど、価値の大切さと科学性の両方を感じ取ってください」と記載してきました。ここでの価値とは、憲法、特に人権規定のもつ少数者の人権保障の価値や裁判所の役割を意味しています。その後、保育者養成の専門科目も担当するようになってからは、日本国憲法と幼稚園教育要領や保育所保育指針、さらには具体的な保育場面まで連続して考えなければならないという思いを強くするようになりました。今回共著者として共同作業に加わっていただいた先生をはじめ、保育者養成課程で日本国憲法を担当する多くの教員も同じ思いだと思います。

　このような思いの原点は、芦部信喜先生が東京大学を退官される年に、はじめて慶應義塾大学で講義をされたときの感動を、地方で保育や福祉を学ぶ学生にも伝えたいということでした。その後、社会福祉・保育の分野に移ってからは、恩師であるノーマライゼーションの研究者でもあった中園康夫先生の「社会福祉はタンポポの綿毛のように柔らかく、優しいものだよ」という教えと、日本国憲法のもつ厳しさとをどう調和させるか思い悩んできました。また同時に、憲法理論を正確に伝えようとするならば、社会福祉や保育を学ぶ者にとって遠心力として働いてしまうというディレンマに陥り、岡村重夫先生の「社会関係の主体的側面」の重要性を痛感していました。そういった思いのいくつかを論文にしていたところ、株式会社みらい荻原太志氏の目にとまり、今回の出版のお誘いを受け今日に至りました。

　本書の内容は、まず判例通説を中心としたオーソドックスな憲法理論にとどめています。その際、できる限り日本国憲法から要領・指針さらには保育現場の実践まで一本の糸でつながることを心がけています。そして章末には、資格試験や採用試験にも対応できるように、正文からなる「確認テスト」を設けています。さらに理解を深めるために、「考えてみよう」を活用することで、主体的・対話的で深い学び（アクティブラーニング）を実践できるような構成となっています。

　本書の執筆にあたっては、校正のご助言をいただいた三浦敬太氏をはじめ、株式会社みらいの方々にお世話になりました。とりわけ荻原太志氏とは、本書の企画段階からたびたび打ち合わせをさせていただきました。この場を借りて、心から御礼申し上げます。

平成30年9月

編　者

『保育と日本国憲法』テキストの特長と活用

- 本書は、幼稚園教諭や保育養成課程の一般教養科目で学ぶ「日本国憲法」の科目に対応したテキストです。日本国憲法で扱う領域は、憲法の理念や概念、具体的な権利などに加え、基本となる法学や政治制度の理解など、とても幅広くなっています。本書では、それらの内容を効率よく学べるよう構成し、保育者の視点から理解できるよう記述にも工夫を凝らして解説しています。

- 各章の導入部分には、保育者をめざす学生である「みらいさん」と日本国憲法の講義を担当する「はやと先生」が、その章のテーマについて、なぜ、その項目を学ぶのか、保育者とどのようなかかわりがあるのかを、会話形式で説明しています。この部分を最初に読むことによって、学ぶ内容や理解すべきポイントを把握できるようになっています。

- 各章の最後には、学んだ内容をふりかえり復習するための「確認テスト」と、より発展的な学びにつなげる「考えてみよう」という課題を提示しています。課題は、本文をよく読めば必ず理解できるよう設定していますので、学習のふりかえりに活用してください。なお、「確認テスト」の解答は巻末（p.187〜）に掲載してありますが、スマートフォン等で見出しの横にあるQRコードを読み取ればその場で解答を確認することができます。

- 本書は、日本国憲法を理解するための入門的な位置づけです。より内容を深く理解したい、興味がわいてきた場合には、章末にある引用文献や参考文献をあたってみましょう。きっと新しい発見や多様な考え方に出会い、学びを深めていくことができるでしょう。

もくじ

はじめに

『保育と日本国憲法』テキストの特長と活用

第1章　保育者をめざすみなさんと日本国憲法

1 保育者養成と日本国憲法 …………………………………… 14
　1　保育士養成・幼稚園教諭養成課程と日本国憲法　14
　2　憲法の意味と種類　14
　3　日本国憲法の基本原理　16

2 法学の基礎知識 …………………………………………… 17
　1　わが国の法体系　17
　2　保育や福祉と法律の関係　20
　確認テスト　22
　考えてみよう　23
　コラム　24

第2章　日本国憲法とは—その成立と特徴、基本原理—

1 人権宣言の歴史と立憲主義 ……………………………… 26
　1　絶対王政から人権宣言へ　26
　2　資本主義の進展と自由権の修正（社会権の登場）　27

2 大日本帝国憲法（明治憲法）から日本国憲法へ ……… 29
　1　明治維新と立憲国家の成立　29
　2　敗戦と日本国憲法の成立　31

3 日本国憲法の特徴と基本原理 …………………………… 33
　1　法の支配の貫徹　33
　2　日本国憲法の三原則　34
　確認テスト　35
　考えてみよう　36

第3章　人として生まれながらにもちうる権利

❶ 人権の享有主体性 …………………………………………38
1 自然人の人権　38
2 法人の人権　39
3 外国人の人権　39

❷ 人権の制約 …………………………………………………40
1 人権制約の意味　40
2 公共の福祉の役割と具体的基準　41

❸ 日本国憲法の人権分類と適用 ……………………………42
1 人権の中核概念「個人の尊厳」　42
2 人権体系の概要「具体的な人権」　43
3 人権体系の概要「包括的な人権」　44
4 日本国憲法の私人間への適用　45

確認テスト　46
考えてみよう　47

第4章　個人の尊重と幸せに生きる権利（幸福追求権）

❶ 憲法第13条の位置づけと法的性格 ………………………50
1 憲法第13条の概要　50
2 幸福追求権と「公共の福祉」　51

❷ 憲法第13条から導き出される人権―「新しい人権」― ……52
1 新しい人権とは？　52
2 新しい人権の例―環境権―　52
3 新しい人権を導き出す基準―幸福追求権の内容―　53

❸ プライバシーの権利―判例が認めた「新しい人権」― ………54
1 一般的人格権　54
2 プライバシーの権利の定義の移り変わり　54
3 個人情報の保護　56

❹ 自己決定権 …………………………………………………56
1 自己決定権とは　56
2 自己決定権の内容　57
3 自己決定権を争った事件―「エホバの証人」輸血拒否事件―　57
4 自己決定権の問題点　58

5 保育所・幼稚園等におけるプライバシーの権利と個人情報保護 … 58

　確認テスト　59
　考えてみよう　60
　コラム　61

第5章　法の下の平等

1 「平等」の意味―「平等」とは何か― … 64

　1　形式的平等　64
　2　実質的平等　64

2 日本国憲法第14条 … 65

　1　日本国憲法第14条の「平等」とは　65
　2　差別する理由としてはならない例　66

3 「法の下の平等」と関連する事例
　　　―「法の下の平等」の現代的課題― … 68

　1　尊属殺重罰規定判決　68
　2　国籍・親子関係・ジェンダーに関する事例　69
　3　政治参加・経済活動・福祉に関連する問題　72
　4　その他の問題　74
　確認テスト　75
　考えてみよう　76

第6章　自由に考え、信仰する自由
　　　　（思想・良心の自由、信教の自由）

1 思想・良心の自由 … 78

　1　思想・良心の意味　78
　2　思想・良心の保障の内容　80

2 信教の自由 … 84

　1　信教の自由の意味　84
　2　信教の自由の保障の内容　84
　3　信教の自由の限界　85
　4　政教分離原則　86

3 まとめ … 87

確認テスト　88
考えてみよう　88

第7章　自由に学び表現する権利

1　「自由に学ぶこと」と「自由に表現すること」と権利　　　90

1　「自由に学び表現する」ことについて　90
2　子どもの権利条約と「自由に学び表現する」こととの関係　90

2　「自由に学ぶ＝学問の自由」（憲法第23条）　　　91

1　昔はなかった「学問の自由」　91
2　学問の自由の内容　92
3　学問の自由の限界　93
4　国民の教育権と国家の教育権　93
5　学問の自由っていったい誰のものなんだろう？　94

3　「自由に表現する＝表現の自由」（憲法第21条）　　　95

1　表現の自由の構造　96
2　民主制の維持発展に不可欠な表現の自由の大切さ　97
3　表現の自由の限界　98
4　情報化社会とプライバシーの保護　99

確認テスト　99
考えてみよう　100
コラム　101

第8章　自由に職業や住む場所を選べる権利
　　　　（経済的自由権）

1　職業選択の自由　　　104

1　職業選択の自由とはなんだろう？　104
2　職業選択の自由を規制する考え方　105

2　財産権の保障　　　108

1　財産権とは　108
2　財産権の保障に関する重要な判例の紹介　108

確認テスト　110
考えてみよう　110
コラム　111

第9章　不安なく生きる権利

1 社会権と生存権の関係 …………………………………………114
- 1 社会権が登場した歴史的経緯　114
- 2 社会権のなかでの生存権の位置づけ　115

2 生存権はどのように具体化されているか …………………115
- 1 社会保障制度とは　115
- 2 社会保険　116
- 3 公的扶助　116
- 4 社会福祉　116

3 憲法第25条1項の法規範性 ………………………………117
- 1 第25条1項の法規範性に関する学説　117
- 2 朝日訴訟　118
- 3 堀木訴訟　120

確認テスト　122
考えてみよう　122
コラム　123

第10章　教育を受ける権利と義務

1 教育を受ける権利と義務 …………………………………126
- 1 教育を受ける権利の性格　126
- 2 「能力に応じて、ひとしく」の意味　127

2 教育を受ける権利を保障する法体系 ……………………128
- 1 憲法と教育基本法　128
- 2 教育を受ける権利の具体化　128

3 義務教育と幼児教育の無償化の問題 ……………………130
- 1 幼児期における学習権の保障　130
- 2 教育を受ける権利と幼児教育の無償化　131

4 まとめ ………………………………………………………132

確認テスト　132
考えてみよう　133

第11章　労働者の権利

1 勤労の権利 ……………………………………………………… 136
- 1　社会権としての勤労権　136
- 2　憲法第27条の性格と内容　136
- 3　労働条件の最低基準を定めた労働基準法　137
- 4　働く者の権利が争われた裁判　138

2 労働基本権 ……………………………………………………… 138
- 1　労働基本権の内容　138
- 2　公務員の労働基本権の制約　139

3 労働者の権利をめぐる最近の問題 …………………………… 140
- 1　様々なハラスメントと対策　140
- 2　「ディーセント・ワーク」（尊厳ある労働）の必要性　141
- 確認テスト　141
- 考えてみよう　142

第12章　国を治める仕組み
　　　　（象徴天皇・国民主権、国会・内閣・行政・地方自治）

1 権力分立と三権分立 …………………………………………… 144
- 1　国民主権　144
- 2　象徴天皇制　144
- 3　三権分立制　145
- 4　直接民主制と間接民主制　145

2 国会の地位と組織 ……………………………………………… 146
- 1　国会の地位　146
- 2　国会の組織―二院制―　146
- 3　国会の権能　147
- 4　国会の運営　149
- 5　国会議員の権能　150

3 参政権 …………………………………………………………… 151
- 1　選挙権と被選挙権　151
- 2　選挙の種類　152

4 内閣の役割と権能 ……………………………………………… 153

1 議院内閣制 153
2 内閣の権能 154
3 内閣の責任 155

5 地方自治 ……………………………………………………… 156

1 地方自治の本旨 156
2 地方公共団体の組織と権能 156
3 住民の権利 157
確認テスト 158
考えてみよう 158

第13章　裁判所の役割と仕組み　　　（司法権、憲法の保障：違憲審査制）

1 司法権 ……………………………………………………… 160

1 裁判の種類（刑事・民事・行政事件の違い） 160
2 司法権の独立 161
3 司法権とは 162
4 具体的な争訟・法律上の争訟 162
5 司法権の限界 163

2 裁判所の組織と権能 ……………………………………… 163

1 裁判所の種類（特別裁判所の禁止） 163
2 最高裁判所の構成と権限 165
3 国民審査 166
4 裁判の公開 166
5 裁判員制度 167

3 違憲審査 …………………………………………………… 168

1 違憲審査制 168
2 違憲審査の主体と対象 169
3 違憲判断の方法と判決（法令違憲・適用違憲） 169
4 違憲判決の効力 170
確認テスト 170
考えてみよう 171

第14章　平和主義と国を守ること
　　　　—安全保障、自衛隊の存在—

❶ 平和主義 ……………………………………………… 174
　1　歴史のなかの平和主義　174
　2　日本国憲法の平和主義　175

❷ 日本国憲法の前文および第9条1項・2項をめぐる現実 …… 176
　1　警察予備隊から保安隊へ、そして自衛隊へ　176
　2　憲法と自衛隊・日米安全保障条約　177
　　確認テスト　179
　　考えてみよう　180

第15章　憲法的な人権尊重と福祉的な思いやり・優しさとの調和

❶ 保育者養成課程の学生調査からみた人権尊重の学び ……… 182
　1　判断する内容と方法　182
　2　人権尊重のイメージ　182
　3　人権尊重の本質　183
　4　人権と人権が衝突した場合の判断　184

❷ 保育者に求められる人権尊重の意味 …………………… 185
　　考えてみよう　186

確認テスト　解答　187

索引　191

日本国憲法（全文）　194

凡　例

本書では、判決や裁判所についての用語を、以下のように示しています。

最高裁判所大法廷判決	＝	最大判	最高裁判所	＝	最高裁
最高裁判所小法廷判決	＝	最判	高等裁判所	＝	高裁
高等裁判所判決	＝	高判	地方裁判所	＝	地裁
地方裁判所判決	＝	地判	簡易裁判所	＝	簡裁
簡易裁判所判決	＝	簡判			

第1章　保育者をめざすみなさんと日本国憲法

はやと先生　みらいさんは、小学生から高校までに、日本国憲法について主に社会科を中心に学んできたと思うけど、その内容を覚えているかな？

みらいさん　もちろんですよ！　国民主権や基本的人権の尊重、平和主義の3原則は日本人として常識ですし、大事に守っていかなければならないことだと思います。

はやと先生　そうですね。私たちが、今、平和に暮らしているのも、日本国憲法という絶対的な法があり、国は憲法に反するいかなる法律も制定することはできないからこそなんですね。

みらいさん　憲法は私たち一人ひとりが守らなければならない法というよりは、私たちの権利を保障したり、政治や行政など、国が守らなければならない法なんですね。

はやと先生　その通りです。例えば日本国憲法では、「職業選択の自由」が保障されています。だからみらいさんは、自分の意思で保育者になろうと決めることができるんですよ。

みらいさん　なるほど。あまり深く考えたことはなかったですが、憲法は私たち一人ひとりに深く関係しているんですね。ところで、日本国憲法は幼稚園の先生の免許を取るための必修科目になっていますが、それはどうしてでしょう？

はやと先生　それはね、教育の憲法ともいわれ、幼児教育の理念を定めている「教育基本法」の前文に「日本国憲法の精神にのっとり」と書かれています。したがって幼稚園教諭を含むすべての教員が日本国憲法についてより理解しておく必要があるからです。保育士を定めている児童福祉法も日本国憲法の定めを実現するためのひとつの法律ですから、やはり日本国憲法の理解が必要と考えられますね。

みらいさん　なんだか憲法にすごく興味が湧いてきました。

はやと先生　高校生までに習った日本国憲法は、基本的な憲法の位置づけや条文の意味を教わってきたと思いますが、この講義で学ぶ日本国憲法は、もう少し学問的な憲法の位置づけや憲法の条文が実際の裁判の判例としてどのように解釈されているのかを学びます。そして、幼稚園教諭や保育士の仕事と日本国憲法がどのようにつながっているのかを理解していきましょう。

1 保育者養成と日本国憲法

① 保育士養成・幼稚園教諭養成課程と日本国憲法

　保育者（保育士、幼稚園教諭、保育教諭など）をめざすみなさんは、なぜ日本国憲法を学ばなければならないのでしょうか。

　形式的には、幼稚園教諭養成をはじめとする教員養成課程において、日本国憲法が必修とされているからです*1。これは教育に関する法体系が、日本国憲法を頂点とし、教育基本法で「日本国憲法の精神にのっとり」と規定され（前文）、その下に教育関係法規が規定されていることによります。他方、児童福祉法の系列にある保育士養成課程では、日本国憲法は必修となっていません。しかし、幼保一体の影響もあり、実際上もＡ県では2010（平成22）年の時点で、保育士養成校16校（保育士資格のみの取得が１校、15校が幼稚園教諭免許状と保育士資格の取得）のすべてが日本国憲法を必修としていました。この傾向は全国的にも、さほど変わらないと推測しています。

　では、保育者養成課程*2で日本国憲法を学ぶ実質的な意味は何でしょうか。筆者の日本国憲法のシラバスには20年来、「日本国憲法が価値秩序であること、同時に、合憲・違憲という実体（対象）を裁判所が審査する（観察者）違憲審査の仕組みなど、価値の大切さと科学性の両方を感じ取ってください」1)と記載してきました。ここでの価値とは、憲法、特に人権規定のもつ少数者の人権保障の価値や裁判所の役割を意味しています。保育者養成課程の日本国憲法を担当する多くの教員も同じ思いだと思います。その後、保育者養成課程の専門科目も担当するようになってからは、日本国憲法と幼稚園教育要領や保育所保育指針、幼保連携型認定こども園教育・保育要領（以下、要領・指針）さらには具体的な保育場面まで連続して考えなければならないという思いを強くするようになりました。これが、保育者養成課程で日本国憲法を学ぶ実質的な意味であると考えています。

*1 教育職員免許法施行規則第66条の６。

*2 本書では幼稚園教諭養成課程と保育士養成課程をあわせて保育者養成課程と示しています。

② 憲法の意味と種類

▼立憲的な意味の憲法、成典憲法・硬性憲法・民定憲法

　憲法というと聖徳太子の憲法十七条を思い浮かべるかもしれません。しかし、憲法十七条の内容は道徳や倫理であり、日本国憲法で取り扱う憲法とは異なります。ここでは、「立憲的な意味の憲法」、つまり1789年のフランス人

権宣言第16条で、「権利保障が確保されず、権力分立が定められていない社会は、すべて憲法をもつものではない」というときの憲法を指します。

また、憲法は次のように分類することができます。まず、憲法典という形をとっているか（成典憲法）、とっていないか（不成典憲法）に分けることができます。イギリスの憲法は多くの慣習法が存在する不成典憲法ですが、日本国憲法は、憲法典として定められた「成典憲法」です。

また、憲法は、その改正手続きから、軟性憲法と硬性憲法に分けることができます。軟性憲法とは、通常の法律の改正と同じ手続きで改正できる憲法のことをいいます。これに対して、硬性憲法とは、通常の法律改正より厳しい手続きが必要な憲法のことをいいます。憲法が最高法規ならば、改正手続きも法律より厳しくする方に整合性があります。

わが国の法律は原則として、衆議院・参議院の総議員の3分の1の国会議員が出席し、「出席議員」の「過半数」で議決した場合、改正されます。これに対して憲法改正は、各議院の「総議員」の「3分の2」以上の賛成で国会が発議し、「国民に提案してその承認を経なければならない」とされています（第96条）。そうすると、日本国憲法は「硬性憲法」（硬性の硬性の硬性）ということになります。

さらに、憲法は誰が制定したかによって、欽定憲法と民定憲法に分けることができます。欽定憲法とは君主が制定した憲法であり、民定憲法とは国民が制定した憲法です。大日本帝国憲法（明治憲法）は、欽定憲法でしたが、日本国憲法は「民定憲法」です（前文）。

▼**憲法の特色**

日本国憲法は、個人の尊厳（第13条前段）を頂点とした価値秩序であり、憲法自体も「最高法規」として法体系の最上位にあります（第10章、第98条等）。そして、最高法規性を確保するために裁判所に違憲審査権、つまり「一切の法律、命令、規則又は処分が憲法に適合するかしないかを決定する権限」を与えています（第81条）。

また、憲法は国家の組織や権限の源となります。このことを、権限を授けるという意味で「授権規範」といいます。また同時に憲法は、国会や内閣や裁判所などの国家権力が憲法に反してはならないという縛りをかけています。このことを、国家権力を制限しているという意味で「制限規範」といいます。これらは表裏の関係にありますが、憲法学の世界では、「制限規範としての性格がより強く現れる」[2]と考えられています。ただし、保育者養成課程の場合、まず、日本国憲法から要領・指針までつながっているという授権規範としての憲法を理解し、その上で制限規範としての性格を忘れては

ならないと考えるべきでしょう。

③　日本国憲法の基本原理

▼基本的人権の尊重・国民主権・平和主義

　日本国憲法の3つの基本原理は何でしょうか。

　皆さんは、小学生の頃から、「基本的人権の尊重」「国民主権」「平和主義」と暗唱させられてきたのではないでしょうか。人権は、国家からの自由（邪魔しないで、好きにさせて）としての「自由権」を基本に、自由競争による格差を国家による自由（国は生活を守ってなど）としての「社会権」によって修正しています（生存権・教育を受ける権利・勤労権・労働基本権）。その他、平等権、参政権、国務請求権（裁判を受ける権利など）が基本的人権として規定されています。

　国民主権の意味は多様ですが、ひとまずアメリカ合衆国第16代大統領リンカーン（A. Lincoln）の有名な演説から「国民の、国民による、国民のための政治」くらいに理解しておきましょう。国民の意思は原則として間接民主制を通して反映されます。具体的には、国民による選挙を通して国会議員を選出し（第43条）、国会議員が内閣総理大臣を指名し（第67条1項）、内閣が最高裁判所の長たる裁判官を任命する（第6条2項）という形です。そして、最高裁判所の裁判官の国民審査（第79条）などで例外的に直接民主制を採用しています。

　そして、こうした基本的人権の尊重と国民主権を背後から支えるのが「平和主義」（前文、第9条）です。

▼基本的人権の尊重と国民主権の関係

では、基本的人権の尊重と国民主権とはどのような関係になっているでしょうか。これを理解するために、例えば「保育者養成のAクラスで、Bさんだけが実習の準備に協力しない。そこで、Aクラス全員でクラス会をし、議論をし、多数決で、Bさんを無視することに決めた」とします。これは、許されるでしょうか。

筆者自身20年来同じ事例で講義をし、目をつぶって挙手してもらっていますが、全員が「許されない」と答えています。ここで、「Aクラス全員でクラス会をし、議論をし、多数決で」決めているということは、Aクラスの意思（≒国民主権）に合致します。他方で「Bさんを無視すること」は、Bさんという少数者の基本的人権を侵害しています。この場合、今までのすべての学生が「許されない」と判断しているということは、「国民主権より基本的人権の尊重を優先させている」ことに他なりません。実は、日本国憲法の採用する民主主義（国民主権）は、少数者の人権保障を前提とした民主主義（＝立憲民主主義）なのです。そうすると、国民、国会、内閣と多数者の意思が尊重される仕組みを、憲法と違憲審査をする裁判所で修正していることになります。このことは、子どもの人権を考える保育現場でも、しっかりと意識する必要があります。

2 法学の基礎知識

保育者をめざす人にとって「日本国憲法」を学ぶことは必要不可欠ですが、実は日本国憲法は、「法学」とセットで学習することによってその意味が明確になってきます。しかし、例えばA県内の保育士養成課程16校中、日本国憲法は全校で開講していましたが、法学を開講しているのは7校のみで、しかもその多くが選択科目でした（2010〈平成22〉年当時）。これは、全国的にあてはまると考えられます。そうしますと法学の基礎知識は、日本国憲法の科目か専門科目群のなかで取り扱うことになります。そこで、ここでは法学の基礎知識のエッセンスを示しておきます。

① わが国の法体系

▼法と道徳の関係

まず、決まりや約束ごと（規範）といわれるものには、法と道徳がありま

す。法に違反した場合、例えば他人を傷害した場合には、傷害罪で逮捕され（刑法第204条）、裁判を受け、刑務所で懲役刑に服するかもしれません。また、借りたお金を返さない場合には、国から強制執行を受けることがあります。このように、法に反した場合は国家による物理的な強制力を受けます。これに対して、道徳に反した場合は、周りの人たちから非難を受けるかもしれませんが、国家による物理的な強制力は受けません。では、この法と道徳の関係はどのようになっているのでしょうか。

もちろん法と道徳は衝突することもありますが、イェリネック（G. Jellinek）は、「法は道徳の最小限である」と説明しています。このことを表したものが、図1－1です。この図からわかるように、道徳には反するが法には反しない場合は多くあります（a）。例えば、実習のグループのなかの何人かが協力的でないといった場合がこれにあたります。次に道徳に反するなかの一部が法にも反することがあります（b）。人を殺すことは道徳に反しますし、同時に刑法の殺人罪（刑法第199条）にも該当することになります。イェリネックが「法は道徳の最小限である」といったことはこのことを表しています。

ただし例外的に、法には反するが、道徳には反しないこともあります（c）。例えば「人は右、車は左」に違反すると、道路交通法に違反します。しかし、これは必ずしも道徳に違反するわけではありません。なぜならアメリカでは、

図1－1　法と道徳の関係

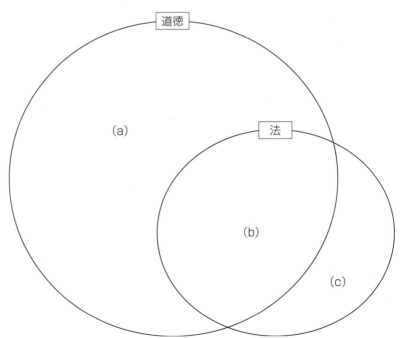

「人は左、車は右」となっているからです。つまり法は明文化されたルールであり、道徳は人の良心などのように人の内面にも影響を及ぼすと考えればよいでしょう。本書で扱うのは、「道徳」ではなく「法」であることを、まず確認しましょう。

▼わが国の法体系

わが国の法体系はどうなっているでしょうか。わが国の法体系は、横並びではなく、日本国憲法を頂点とした上下関係にあります（図1－2）。

まず、日本国憲法が最高法規として存在します（第10章、第98条等）。この憲法のなかで、もっとも大切なものが個人の尊厳です（第13条前段）。個人の尊厳を実現するために人権が保障され（第10～40条）、人権を守ったり、国民の意思を反映するために国や地方の仕組み（統治機構）が定められています（第41条以下）。この憲法の規定に基づいて、立法府である国会は「法律」を定めています。また、法律を実施するために、行政府である内閣全体で「政令」を定め、各省は「省令」を定めています。この政令や省令のことを「命令」といいます。実際には、国民に知らせるための「告示」が重要な役割を果たしています。

図1－2　わが国の法体系

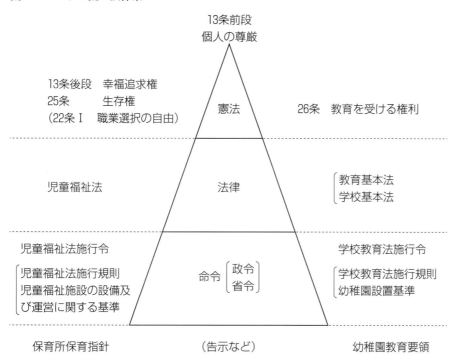

▼憲法から要領・指針までのつながり

　保育者養成課程の場面においては、法はどのようにつながっているでしょうか。

　これを幼稚園教諭養成課程の場面でみてみると、憲法の人権のレベルでは「教育を受ける権利」が規定されています（第26条）。それを受けて教育関係の基本的な法律として「教育基本法」があり、さらに「学校教育法」があります。次いで政令として「学校教育法施行令」があり、文部科学省令として「学校教育法施行規則」や「幼稚園設置基準」があります。これらに基づいて、「幼稚園教育要領」が告示という形式で規定されています。

　保育士養成課程の場面をみてみると、憲法の人権のレベルで「幸福追求権（第13条後段）」や「生存権（第25条）」、さらには「職業選択の自由（第22条１項）」が規定されています。それを受けて「児童福祉法」などの法律があります。次いで「児童福祉法施行令」などの政令、「児童福祉法施行規則」や「児童福祉施設の設備及び運営に関する基準」などの厚生労働省令があります。これらに基づいて、「保育所保育指針」が告示という形式で規定されています。

　幼保連携型認定こども園教育・保育要領も類似の構造です。このように、日本国憲法は、みなさんがめざす幼稚園教諭や保育士の資格ともつながっているのです。

② 保育や福祉と法律の関係

▼公法と私法

　乳児院などの措置による入所形式や、幼稚園・保育所・認定こども園などに関する利用手続きを理解するため、あるいは社会福祉の「措置から契約へ」という社会福祉基礎構造改革を理解するためには、公法と私法の関係を理解しておく必要があります（図１－３）。また、私人相互の間にも憲法の人権規定の適用があるかという問題（私人間適用[*3]）の前提にもなります。

[*3]　私人間適用
第３章 p.45参照。

　この図からわかるように、国や地方公共団体（都道府県や市町村）内部に関する法律関係は一般的に公法関係とされます。例えば、憲法の統治機構（第41条以下の国会、内閣、裁判所や地方自治などの仕組みに関する規定）や行政法（内閣法等の組織法）がこれにあたります。また、国や地方公共団体と私人との関係も公法関係です。例えば、憲法の人権規定や行政法（作用法や救済法等）、刑法などがこれにあたります。これに対して、私人Ａと私人Ｂとの間の関係が私法と呼ばれます。例えば、私法上の契約（施設型給付を受

図1－3　公法と私法の関係

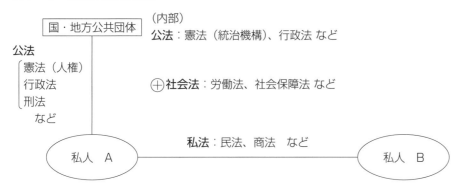

けない一部の私立幼稚園での入園契約）、不法行為に基づく損害賠償責任（私立幼稚園や保育所での事故の場合等）、親権（特別養子縁組等）などを規定する民法や会社法、商法などがこれにあたります。その他、公法・私法以外では、保育者の労働条件とも関係する労働法や社会保障法などに関する社会法と呼ばれる分野があります。

▼刑事・民事・行政責任

　法律上の責任として、刑事責任・民事責任・行政責任の区別を知っておくことも必要です。特に、人権を守るために日本国憲法は、法律や行政庁の行為などが憲法違反かどうかを判断する違憲審査権を裁判所に与えていますが（第81条）、実際には、具体的な刑事・民事・行政事件に付随して審査する仕組み（付随的違憲審査制）をとっていることから、実際の憲法保障を理解するためにもこの区別を知っていることが大切です。

　ここでは、交通事故を例にとります。Aさんが自動車を運転していて、うっかりして歩行者Bをひいてしまい、Bさんが亡くなったとしましょう。この場合、Aさんは3つの責任を負うことになります。第1が刑事責任で、Aさんは過失運転致死罪という罪で逮捕され、刑事裁判の結果では、懲役刑、禁固刑や罰金刑などを受けるかもしれません。第2が民事責任で、Bさんの遺族から民法第709条に基づいて損害賠償請求をされるでしょう。そして第3が行政責任で、都道府県の公安委員会から免許取消しや免許停止の処分を受けることになります。

　この関係は、私立園を中心とした保育士などの過失によって園児が死亡やけがをした場合も同様です。保育者は、第1に刑事責任として業務上過失致死傷罪（刑法第211条）により懲役・禁錮や罰金刑などに処せられる可能性があります。第2に民事責任として、子どもとその家族から損害賠償の請求を受ける可能性があります。第3に行政責任として、保育士資格の登録の取

消しや名称使用の停止などを受けることがあります。

📝 確認テスト

① 立憲的な意味の憲法といえるためには、＿＿＿＿＿と＿＿＿＿＿が必要である。
② 日本国憲法は憲法典として制定された＿＿＿＿＿であり、改正手続きが法律より厳しい＿＿＿＿＿であり、国民が制定した＿＿＿＿＿である。
③ 憲法は法体系のなかで最上位にある＿＿＿＿＿であり、これを確保するために、裁判所に＿＿＿＿＿を与えている。
④ 憲法のなかでも＿＿＿＿＿が最上位にあるという考えがある。
⑤ 憲法のように国家権力に権限を授けている規範のことを＿＿＿＿＿といい、国家権力を制限する規範のことを＿＿＿＿＿という。
⑥ 日本国憲法の3つの基本原理とは、＿＿＿＿＿・＿＿＿＿＿・＿＿＿＿＿である。
⑦ 少数者の＿＿＿＿＿と、多数者の＿＿＿＿＿が衝突した場合、少数者の＿＿＿＿＿が優先し、このことを立憲民主主義という。
⑧ イェリネックは、法は道徳の＿＿＿＿＿であると説明した。
⑨ わが国の法体系は、＿＿＿＿＿を頂点として、国会の制定する＿＿＿＿＿、内閣の制定する＿＿＿＿＿、各省が制定する＿＿＿＿＿の順になっており、その下に国民に知らせる＿＿＿＿＿がある。なお、幼稚園教育要領や保育所保育指針、幼保連携型認定こども園教育・保育要領は、＿＿＿＿＿である。
⑩ 国や地方公共団体内部の法律関係は＿＿＿＿＿であり、国や地方公共団体と私人との関係も＿＿＿＿＿であり、私人相互の関係が＿＿＿＿＿である。

（解答は187ページ、またはQRコードを読み取り）

考えてみよう

① クラスのなかに、言葉で説明してもなかなか理解できない発達障害のある園児が1人いて、勝手な行動が多くクラスの園児や保護者からその子とは別にして欲しいと声があがりました。その場合、あなたはクラスの園児や保護者の意向にしたがいますか、それとも別の行動をしますか。
② 上記のように考えた理由はなぜですか。現実的な思いと、憲法的な理由からも考えてみてください。
③ 実際に、1人の発達障害のある園児のニーズに対応することと、残りのクラスの園児や保護者の意向とを調整するために、あなたがどのような行動をすべきか考えてみましょう。

【引用文献】
1）橋本勇人「医療・福祉・教育系大学における法学・日本国憲法教育の在り方（第1報）新たな法教育の流れの中での幼稚園教諭養成・保育士養成課程の課題」『川崎医療短期大学紀要』第30巻　2010年　p.50
2）高橋和之『立憲主義と日本国憲法』有斐閣　2005年　p.16

【参考文献】
芦部信喜・高橋和之補訂『憲法　第6版』岩波書店　2015年
高橋和之『立憲主義と日本国憲法』有斐閣　2005年
鶴恒介「教育職員免許法上の『日本国憲法』必修規定とそこにおいて求められる学修内容についての考察」『千葉敬愛短期大学紀要』第39巻　2017年
橋本勇人「ボランティア活動中の事故と法的責任：法と道徳の衝突」『旭川荘研究年報』第29巻1号　旭川荘　1998年
橋本勇人「医療・福祉・教育系大学における法学・日本国憲法教育の在り方（第1報）新たな法教育の流れの中での幼稚園教諭養成・保育士養成課程の課題」『川崎医療短期大学紀要』第30巻　2010年
橋本勇人・品川佳満「医療・福祉・教育系大学における個人情報保護教育の授業展開と改善：法教育と専門科目・卒後教育との連続性をみすえた実践」『法と教育』第5巻　商事法務　2014年

コラム
ソクラテスと「法の支配」

　古代ギリシャの哲学者ソクラテス（Socrates）は、アテネ政府から「アテネが信じる神々以外の神を信じ、若者を堕落させた」として、死刑判決を受けます。その時、弟子たちの脱獄の勧めに対し、有名な格言である「悪法も法なり」と答えて脱獄を拒否し、獄中で死刑執行として毒を飲んで亡くなったといわれています。このことの真実は別として、ソクラテスはなぜ死を選んだのでしょうか。これを、「法治主義」と「法の支配」という観点から考えてみましょう。

　「法の支配」と似た概念に、「法治主義」があります。法治主義は「人の支配」からは一歩進んだ概念ですが、法という形式を重視し、その内容を問題としていません。戦前のドイツは、この「法治主義」の考え方でした。これに対して「法の支配」は、その内容をも含めて考えます。日本国憲法では、法治主義ではなく、自然法思想を背景として、その内容の正しさをも問題とする「法の支配」によっています。「正しい法」≒「人権を守る法（立憲民主主義）」≒「最高法規である日本国憲法」と考えて日本国憲法の論理が組み立てられています。現在の西欧諸国の憲法も同様です。

　話を戻します。古代ギリシャの哲人ソクラテスは、「法の支配」の概念を知っていたのでしょうか。「悪法も法なり」といって毒盃を飲んだソクラテスの考えは、「法治主義」の考え方だったのではないでしょうか。もし、哲人ソクラテスが現代に生きていたならば、きっと「法の支配」の考え方にしたがって、「悪法は法でない」といって、死を受け入れなかったことでしょう。

第2章　日本国憲法とは
―その成立と特徴、基本原理―

はやと先生　日本国憲法がいつ公布されたか、みらいさんは知っているかな？

みらいさん　確か、第二次世界大戦の後だったのは知っているんですけど……。

はやと先生　日本国憲法が公布されたのは、第二次世界大戦が終わった翌年の1946年、昭和21年のことです。ただ、日本にはじめて近代憲法が制定されたのは、明治維新により江戸幕府から明治政府に体制が変わった19世紀後半でした。その当時制定された憲法の名前を覚えているかな？

みらいさん　大日本帝国憲法！

はやと先生　その通り。その大日本帝国憲法は、明治政府がヨーロッパの国々、特にドイツの憲法を参考にして作ったんだ。ちなみに国が国民の権利を保障する憲法の歴史は、18世紀後半のフランス革命が転機となります。ここでフランス人権宣言が出され、権利の保障と権力の分立が謳われました。

みらいさん　大日本帝国憲法は、あまり人権とか権利が定められているイメージがないのですが、日本国憲法とはどのような違いがあるのでしょうか？

はやと先生　詳しくは、この後の授業のなかで説明しますが、大きな違いは天皇に主権があり、兵役制度があったり、法律の範囲でしか国民（臣民）の権利が認められなかったりするところです。

みらいさん　これだけでもずいぶんと違いがありますね。当時の人たちはどのような思いで暮らしていたのでしょうか。今の私たちの暮らしからは想像もできません。

はやと先生　それでは、日本国憲法の三原則である基本的人権も国民主権も、平和主義も今、私たちが当たり前に思っていることが、過去の積み重ねの上にあることを学んでいきましょう。

1 人権宣言の歴史と立憲主義

① 絶対王政から人権宣言へ

▼英国憲法の成立

　日本国憲法は、第二次世界大戦終結翌年の1946（昭和21）年11月3日（現在の「文化の日」）に公布され、翌1947（昭和22）年5月3日（同じく「憲法記念日」）に施行されました。この憲法の前文には「人類普遍の原理」という言葉があります。また、第97条には「この憲法が日本国民に保障する基本的人権は、人類の多年にわたる自由獲得の努力の成果」と書かれています。ここに見られるように日本国憲法には、人類の長い歩みのなかで育まれた人権宣言の歴史が貫かれているのです。

　人類史上はじめて人権宣言を行ったのは、英国（イギリス）です。中世の時代まで遡る13世紀、国王は、自らの権力を制限するとともに貴族の特権を承認するマグナカルタ（大憲章）と呼ばれる特許状に調印しました。これは、世界史における立憲主義の萌芽といわれます。

　その後、17世紀になると、英国では市民革命が起こります。そして、その重要な成果として位置づけられるのが、1689年の権利章典です（正式名称は「臣民の権利及び自由を宣言し王位継承を定める法律」）。これは、議会が提出した権利宣言を国王が成文化したもので、英国の立憲政治の基礎となりました。13世紀から続く「中世立憲主義の伝統」をふまえ、「『聖俗の貴族および庶民』が『古来の権利と自由』を確認するという形式をとりながら」、いわば「古い革袋のなかに、近代立憲主義という新しい酒を醸酵させた」[1]のです。こうして、英国の憲法は歴史のなかで長い時間をかけて成立していきました。

▼フランス革命と人権宣言

　続く18世紀の後半にあたる1789年（英国の権利章典から、ちょうど100年後）、フランス革命の重要な成果として、「人および市民の諸権利の宣言」（いわゆるフランス人権宣言）が出されました。この宣言には、次のような、たいへん重要なことが書かれています。

> 権利の保障が確保されず、権力の分立が定められていない社会は、憲法を持たない。（第16条）

　この一文は、権利の保障と権力の分立という2つの要素がなければ憲法と

はいえない、ということを明確に宣言しており、「近代的・立憲的意味の憲法の発展にとって、決定的な役割を演じた」[2]ものでした。

フランス革命の初期に、これまでの三部会からなる身分制議会とは異なる、一院制の国民議会（憲法制定議会）が採択したこの人権宣言は、前文および全17条からなり、人間の自由・平等、圧政への抵抗権、国民主権、思想・言論の自由、所有権の神聖不可侵など、近代市民社会の基本原理を規定していました。そして、2年後の1791年に制定された憲法に、前文として掲げられました。

同じ18世紀後半、フランス革命の直前には、アメリカ合衆国の独立宣言（1776年）と成文憲法の制定（1788年）という人類史上の大きな出来事もありました。17世紀から18世紀後半にかけての世界の歴史の大きな変動のなかで、近代憲法が確立していったのです。

▼ビスマルク憲法

やがて19世紀の後半になると、ヨーロッパでは、現在のドイツ、イタリアで、相次いで統一国家が誕生します。このうちドイツでは、プロイセン国王の下で同国の首相を務めたビスマルクの強力な主導により、デンマーク、オーストリア、さらにフランスとの戦争に勝利を重ねながら、プロイセンを中心とする統一国家が成立しました。いわゆるドイツ帝国の誕生です。1871年（後述のとおり日本では明治4年）のことでした。

そして、この年、ビスマルクの指導の下、ドイツ帝国憲法（ビスマルク憲法）が制定されています。これは、統一国家になったばかりのドイツの最初の憲法で、プロイセン優位の連邦制、帝政、連邦議会（帝国議会）など、国制全般について規定し、第一次世界大戦末期までの約半世紀にわたり、後のワイマール憲法に替わるまで施行されました。

② 資本主義の進展と自由権の修正（社会権の登場）

▼産業革命の時代

18世紀の後半に入り、アメリカ合衆国建国やフランス革命の直前の時期になると、英国で社会・経済の大きな変動が生じました。産業革命です。この結果、資本主義は大きく進展し、産業革命は、短期間のうちに、フランスをはじめとするヨーロッパ各国へ拡大します。そして、19世紀の後半には、南北戦争後のアメリカ合衆国へと波及します。他方、先にみたように19世紀の後半に統一国家となったドイツ帝国でも、産業革命が起こりました。

ドイツでは、ビスマルクが首相を務めていた時期に、資本主義が飛躍的な

成長を遂げ、工業生産力は20世紀初め、ついにイギリスを追い抜きました。ビスマルクは当初、帝国議会の多数派とともに自由主義政策を推進し、営業の自由を保障するとともに保護関税の廃止を進めました。一方、鉄道、銀行、郵便など、国民経済の発展に必要なインフラ整備を行いました。このような経済政策により、ドイツの資本主義が大きく進展したことは事実です。しかし、この間、ドイツ国内では貧富の差が拡大し、資本主義の矛盾が露呈するとともに、経済不況が深刻化していきました。そして、このような社会・経済の変動が、社会民主党の勢力拡大を促したのでした。

ビスマルクは国内の社会問題への対策を講じるため、新たな政策を打ち出します。それが、社会政策と呼ばれるものです。労働者のための社会保険制度（疾病保険、養老保険など）の導入を推進するなどして社会の改良を進めることによって、社会不安を緩和するとともに、政治体制の安定を図ったのでした。

▼ワイマール憲法の誕生

統一国家の形成が遅れたドイツは、先にみたように、イギリスやフランスに比べると、かなり遅れて産業革命の時期を迎えました。そして、きわめて急速に資本主義社会を進展させていくなかで生じた様々な社会問題に対応するため、社会主義に反対しつつ、資本主義の欠陥を認めて、国家の政策を通じて社会問題の解決を図ろうとしました。

このような社会政策の伝統をもつドイツ帝国は、第一次世界大戦の敗戦の後、新しい国家として生まれ変わります。ちょうど今から100年前のことでした。1918年11月、第一次世界大戦が終結する直前、ドイツでは革命が起こり、皇帝、そして諸州の王が国外へ追放され、社会民主党を中心とする政権が樹立されたのです。そして、この政権により、連合国との休戦条約が締結され、第一次世界大戦は終結しました。翌年1月、比例代表制による普通・平等の国民議会選挙が実施され（20歳以上の男女有権者による投票）、翌月、社会民主党を中心とする「ワイマール連合政府」が誕生します[*1]。そして、国民議会は同年7月末日に新しい憲法を議決し、翌8月1日、憲法が公布されました。ドイツ共和国憲法（ワイマール憲法）の誕生です。

▼社会的・経済的平等の実現のために

このワイマール憲法は、民主主義の原理を基盤とするとともに、社会国家的色彩をもつ憲法でした。すなわち、19世紀以来の自由主義を基本としつつも、資本主義が大きく進展した20世紀初めの時代状況を背景に、所有権の義務性（所有権は社会的義務をともなうということ）を規定するとともに、人間らしい生活を営む権利（生存権）を世界ではじめて保障したのです。そし

*1　国民議会が開催されたドイツ中部のチューリンゲン州の町の名であるワイマールから、このように呼ばれました。

て、国家が私有財産へ介入して社会的・経済的平等を実現することを積極的に認めたのでした。

　自由主義（さらにいえば自由放任主義）を基本理念とする19世紀までの国家のあり方とは異なり、20世紀に登場した、いわゆる社会国家は、国家が国民に対して積極的に、その生活を保障することをめざしました。そして、このような社会国家の理念の下、ワイマール憲法には、国民が、国家へ、個人の生存および生活の維持・発展に必要な諸条件の確保を要求する権利が規定されたのです。この権利こそ、社会権（社会的基本権）または生存権（生存権的基本権）と呼ばれる権利です。

　ワイマール憲法は、次のように高らかに宣言しています。

> 経済生活の秩序は、すべての者に人間たるに値する生存を保障する目的をもつ正義の原則に適合しなければならない。（第151条）

　20世紀前半に誕生した、この憲法は、その後の人権宣言の典型とされ、生存権保障の思想は、20世紀の半ばには全世界に普及するようになりました。第二次世界大戦終結直後に制定された日本国憲法にも、もちろん社会権（生存権）が規定されています（詳しくは第9章を参照）。

2　大日本帝国憲法（明治憲法）から日本国憲法へ

①　明治維新と立憲国家の成立

▼「会議」と「公論」の時代

　19世紀の後半、ちょうどヨーロッパでドイツ帝国が誕生した頃、東アジアの東端に位置する日本も、歴史の一大転換期のなかにありました。明治維新です。今から150年ほど前のことです。

　19世紀は、産業革命を経て資本主義国家として成長を続けるヨーロッパ諸国が、アジアを含む世界の一体化を進めた時代でした。歴史学者の田中彰は、明治維新を次のように定義しています。

　「19世紀後半、国内矛盾と世界資本主義の圧力とが結びつくなかで、幕藩体制が崩壊し、近代天皇制国家が創出され、日本資本主義形成の起点となった政治的、経済的、社会的、文化的な一大変革を総称していう」[3]。

　このように、明治維新によって、日本は、近世から近代へと時代が大きく転換しました。江戸幕藩体制の経済的矛盾が露呈するなか、1853（嘉永6）

年にアメリカ合衆国のペリー艦隊が来航します。いわゆる「黒船」渡来です。それから、わずか15年で幕府は倒れ、その20数年後には、アジアではじめての憲法がこの日本に誕生しました。大日本帝国憲法です。

本書のタイトルにある「日本国憲法」を正確に理解するためには、その前身である大日本帝国憲法（明治憲法とも呼ばれます）を十分に理解しなければなりません。

本書が刊行された2018（平成30）年から、ちょうど150年前、秋に「明治」と改元されることになる1868（慶応4）年の春、戊辰戦争のなかで江戸開城が決定した当日、五箇条の御誓文が発せられました。これは、当時の明治天皇が、京都御所で発表した、新政府の基本方針です。わずか五箇条からなる、この御誓文の冒頭は、ごく簡潔な、次の一文です。

> 一　広ク会議ヲ興シ万機公論ニ決スベシ

ここには、「会議」と「公論」という2つの言葉が高らかに掲げられています。詳細は略しますが、「会議」という言葉は、「『五箇条の御誓文』に用いられたことがきっかけとなり、近代社会で、ものごとの決定、実行における重要なプロセスとして急速に普及」4)しました。つまり「黒船」来航以降の江戸時代末期の経済・社会・政治の激動のなかで、重要な事柄については、「会議」を開き、人々が正当であると考える「公論」にしたがって決定する、という原則が確立していったのです。

▼大日本帝国憲法の制定

その後、維新政権は、版籍奉還や廃藩置県を断行し、中央集権国家体制を樹立します。そして、中央集権国家を担う新たな政府（明治政府）は、学制、徴兵令、地租改正の、いわゆる三大改革を推進し、国民国家の基盤を確立することをめざします。

1881（明治14）年に国会開設の詔が出され、1890（明治23）年に国会を開くことを明治天皇自らが国民へ明らかにします。これ以後、政府は急速に憲法草案の作成を進めていきます。

まず、政府が憲法制定の基本方針（「大綱領」）を決定します。憲法は、欽定憲法とすること、ドイツのプロイセンをモデルとすること、内閣は国会と距離を保つこと、国会は二院制とすること、選挙は制限選挙*2とすることなどが書かれていました。そして、この基本方針は、その内容の大半が大日本帝国憲法に採用されることになりました。

この「大綱領」を受け、伊藤博文がヨーロッパへ派遣されます。ヨーロッパ各国の憲法、皇室、議会（上下院）、内閣、司法、地方制度などを具体

*2　制限選挙
　資格要件を一定額の納税または財産の所有などにより制限する選挙制度のことをいいます。

に調査することが目的でした。

伊藤博文は、その後自らが中心となって、立憲制への移行を着々と進めます。1885（明治18）年12月には、それまでの太政官制度を廃止し、新たに内閣制度を発足させ、議会の開設に備えました。そして、翌1886（明治19）年頃から憲法草案の作成を本格的に開始し、1889（明治22）年2月11日、「大日本帝国憲法」として公布されました。

② 敗戦と日本国憲法の成立

▼議会政治の展開と挫折

このように大日本帝国憲法は、日本、さらにアジアではじめての憲法として、今から約130年前に制定されました。

大日本帝国憲法は、天皇主権を採用したといわれますが、日本がモデルにしたドイツ帝国憲法と同様、天皇、政府、議会の関係、特に憲法をどのように運用するかということが、きわめて重要でした。

そもそも、大日本帝国憲法が施行された日は、第1回帝国議会が開会した日（1890〈明治23〉年11月29日）です。この憲法は、近代国家の運営のあり方を基本的に規定した、国家の最高法規であるということができます。そのため、人権保障よりも統治機構に重点を置いた憲法であるという見方ができるでしょう。

このことを象徴するのが、いわゆる法律の留保という問題です。大日本帝国憲法の第2章「臣民権利義務」には、国民の権利が規定されていましたが、条文には「法律ノ範囲内ニ於テ」という文言がありました。この文言により、憲法は、国民の権利を行政権によって侵害することを禁止しているが、立法権によって侵害することは認めているものと解釈されました。つまり、法律により国民の権利を侵害することが可能であるとする道を憲法自体が開いてしまったとも解釈されるわけです。このことは、議会政治を重視する大日本帝国憲法の大きな問題だったといえるかもしれません。

また、議会政治の発展という点からみれば、大正デモクラシーの時代に代表される議会政治の伸長期を経て、いわゆる昭和戦前期には軍部が台頭する一方、議会政治が衰退、挫折していきました。

▼敗戦による憲法改正

第二次世界大戦末期の1945（昭和20）年7月下旬、日本に降伏勧告宣言が出されました。いわゆるポツダム宣言です。政府は8月14日、宣言の受諾を決定し、翌15日、昭和天皇の肉声により詔書がラジオ放送を通じて日本国民

に伝えられ、ここに「大東亜戦争」＊3は終結しました。

　ところで、ポツダム宣言は日本に、「民主主義的傾向ノ復活強化」および「基本的人権ノ尊重」を要求していました。これについて、政府も、美濃部達吉をはじめとする憲法学者たちも、大日本帝国憲法のもとで実現し得ると考えていました。しかし、「戦時中、軍部の行った政治支配によって、敗戦当時、もはや戦前の議会制度をたんに修復させるだけでは、国民の期待する『民主主義』を実現することができないまでに、明治憲法体制は深く傷ついていたこと」5）も事実でした。

　1945（昭和20）年10月、連合国最高司令官マッカーサーは、日本の幣原首相との会談で「憲法の自由主義化」を示唆します。これを受け、日本政府は1946（昭和21）年2月8日に「憲法改正要綱」を連合国最高司令官総司令部（GHQ）へ提出しました。しかし、総司令部は日本政府の改正案を拒否し、自らが作成した原案（GHQ草案）を提示します。こうして、まったく新しい憲法の制定作業が開始されることになったのでした。

　1946（昭和21）年6月、「帝国憲法改正案」は、大日本帝国憲法第73条の規定＊4により、勅書＊5をもって議会に提出されました。衆議院、貴族院での審議、修正を経て、10月に「帝国憲法改正案」が可決され、同案は天皇の裁可の後、11月3日に「日本国憲法」として公布され、半年後の1947（昭和22）年5月3日、日本国憲法は施行されました。

▼**大日本帝国憲法と日本国憲法との連続・非連続**

　このように日本国憲法の制定過程を詳細にみると、大日本帝国憲法の全面改正である日本国憲法は、連合国最高司令官総司令部の下で、大日本帝国憲法の改正手続きを経て制定されたことがわかります。

　日本国憲法は、第3節でみる通り、法の支配を貫徹し、3つの基本原理に貫かれています。これは、大日本帝国憲法との大きな違いです。しかし、象徴天皇制になったとはいえ、天皇制そのものは存続していること、三権分立主義をとっていること、統治機構における議会の役割が重視されていることなど、連続している側面もあります。また、衆議院で「帝国憲法改正案」の審議が開始されるにあたって、連合国最高司令官マッカーサーが、「審議のための充分な時間と機会」、「国民の自由意思の表明」と並んで、「明治憲法との法的持続性」が必要であるとの声明を発したことは重要です。

　大日本帝国憲法と日本国憲法との断絶を強調するのみでなく、両者の連続性に着目することも必要だといえるでしょう。

＊3　いわゆる太平洋戦争に対する当時の呼称。

＊4　大日本帝国憲法第73条「将来此ノ憲法ノ条項ヲ改正スルノ必要アルトキハ勅命ヲ以テ議案ヲ帝国議会ノ議ニ付スヘシ」

＊5　勅書
　　天皇の命令（勅令）を下達する文書。

表2−1 大日本帝国憲法と日本国憲法の比較

大日本帝国憲法		日本国憲法
天　皇	主　権	国　民
国の元首、神聖不可侵	天　皇	日本国・日本国民統合の象徴
天皇が陸海軍を統帥、兵役の義務	軍　隊	戦力は保持しない（平和主義、戦争の放棄）
法律の範囲内で自由や権利を認める	人　権	永久不可侵の権利として、基本的人権を保障する
天皇の協賛機関	国　会	国権の最高機関
天皇を助けて政治を行う	内　閣	国会に対して責任を負う
天皇の名による裁判	裁判所	司法権の独立
制限選挙	選　挙	普通選挙

3 日本国憲法の特徴と基本原理

① 法の支配の貫徹

▼憲法前文にみる法の支配

「法の支配」とは、「人権の保障と恣意的権力の抑制とを主旨として、全ての権力に対する法の優越を認める考え方」[6]をいいます。この考え方は近代憲法の理念そのものでもあります。

そして、第二次世界大戦後に制定された日本国憲法には、この「法の支配」が貫かれています。憲法前文第一段の最後に、次の一文があります。

> これは人類普遍の原理であり、この憲法は、かかる原理に基くものである。われらは、これに反する一切の憲法、法令及び詔勅を排除する。

この一文が、すでにみた人権宣言の歴史と立憲主義をふまえて書かれたものであることは明らかです。そして、この一文の最後に「一切の憲法」とあることは、きわめて重要です。日本国憲法は「法令及び詔勅」のみならず、「これ（＝人類普遍の原理）に反する憲法」をも「排除」しているのです。つまり、たとえ憲法改正という手続きによったとしても、「人類普遍の原理」を否定することはできないということです。このように日本国憲法は、この憲法の背後にある「人類普遍の原理」としての「法の支配」そのものに貫かれているといえるでしょう。

▼国権の最高機関としての国会

日本国憲法第41条は、次のように書かれています。

> 国会は、国権の最高機関であつて、国の唯一の立法機関である。

ごく簡潔な一文ですが、ここには、たいへん重要なことが書かれています。それは、「国会は国権の最高機関」であると明確に規定していることです。

この意味するところは、一体どのようなことなのでしょうか。憲法学の定評ある基本書として知られる芦部信喜『憲法』では、「政治的美称」つまり、お世辞であり「国会が最高の決定権ないし国政全般を統括する権能をもった機関であるというように、法的意味に解することはできない」[7] としています。

しかし、日本国憲法前文は、「日本国民は、正当に選挙された国会における代表者を通じて行動し、」とはじまっています。憲法が、この一文からはじまっていることの意味を、日本の憲法の歴史をふまえて再検討することが必要だと思います（まずは第12章をみてください）。

▼違憲立法審査制

憲法第81条は、次の通りです。

> 最高裁判所は、一切の法律、命令、規則又は処分が憲法に適合するかしないかを決定する権限を有する終審裁判所である。

詳細は第13章へ譲りますが、ここでは、裁判所が「法の支配」を現実に貫徹させる重要な役割を果たすべきことを確認しておいてください。

② 日本国憲法の三原則

▼象徴天皇制と国民主権

憲法第１条は、次の通り書かれています。

> 天皇は、日本国の象徴であり日本国民統合の象徴であつて、この地位は、主権の存する日本国民の総意に基く。

日本国憲法は、国民主権の原則に立っています。憲法前文の最初の一文の末尾は「主権が国民に存することを宣言し、この憲法を確定する」と宣言しています。また、上の通り第１条に「主権の存する日本国民」と明記されています。さらに第４条は、「天皇は、この憲法の定める国事に関する行為のみを行ひ、国政に関する権能を有しない」と明確に定めています。

ただし、この第1条からはじまる憲法第1章の表題は「天皇」です。この意味するところを、日本の憲法の歴史を十分にふまえて再検討することが求められます。詳しくは第12章をみてください。

▼基本的人権の保障

近代憲法の目的は、人権を保障することにこそあります。日本国憲法の第3章である「国民の権利及び義務」は、基本的人権を詳細に規定しています。大日本帝国憲法の第2章では「臣民権利義務」という表題でした。日本国憲法は、天皇主権下の「臣民」ではなく、「主権の存する日本国民」（第1条）の権利を規定しています。法律の留保は、ありません。

▼平和主義

日本国憲法は、先にみたように、第二次世界大戦終結を受け、敗戦国日本の憲法として、新たに制定されました。憲法前文の第一段は「政府の行為によって再び戦争の惨禍が起ることのないやうにすることを決意し」と高らかに宣言し、これを受けて、唯一の条文（第9条）からなる第2章の「戦争の放棄」があります。戦争の放棄、そして平和主義は、日本国憲法の、きわめて大きな特徴です。では現実は、果たしてどうなのでしょうか。詳しくは第14章で、じっくり学んでください。

確認テスト

① 20世紀になると、社会国家の理念のもと、ドイツの＿＿＿＿＿＿＿＿に社会権（生存権）が規定され、この権利は20世紀の半ばには全世界に普及するようになった。

② 大日本帝国憲法の第2章「臣民権利義務」には、国民の権利が規定されていたが、条文には「法律ノ範囲内ニ於テ」という文言があった。これを＿＿＿＿＿＿＿＿という。

③ ＿＿＿＿＿＿＿＿とは、人権の保障と恣意的権力の抑制とを主旨として、すべての権力に対する法の優越を認める考え方であり、憲法前文は「人類普遍の原理（略）に反する一切の＿＿＿＿＿＿、法令及び詔勅を排除する」としている。

（解答は187ページ、またはQRコードを読み取り）

考えてみよう

① 人権宣言の歴史をふりかえり、イギリス、フランス、ドイツで、それぞれ、どのような特徴があるか考えてみましょう。
② 社会国家の理念に基づく自由権の修正（社会権の保障）は、なぜ必要なのか、現在の日本の状況をふまえて考えてみましょう。
③ 大日本帝国憲法（明治憲法）と日本国憲法とは、どのような違いや共通点があるか考えてみましょう。

【引用文献・引用ホームページ】
1）樋口陽一『六訂　憲法入門』勁草書房　2017年　p.4
2）樋口陽一『前掲書』p.3
3）田中彰「明治維新」『改訂新版　世界大百科事典』第28巻　平凡社　2007年　p.14
4）北原保雄ほか編『日本国語大辞典　第2版』第3巻　小学館　2001年　p.170
5）国立国会図書館：日本国憲法の誕生
　　http://www.ndl.go.jp/constitution/gaisetsu/00gaisetsu.html（2018年3月13日閲覧）
6）法令用語研究会編『法律用語辞典　第4版』有斐閣　2012年　p.1050
7）芦部信喜・高橋和之補訂『憲法　第6版』岩波書店　2015年　p.295

【参考文献】
佐藤幸治『立憲主義について―成立過程と現代―（放送大学叢書）』左右社　2015年
大石眞『日本憲法史　第2版』有斐閣　2005年
坂野潤治『日本憲政史』東京大学出版会　2008年
牧原憲夫『民権と憲法（シリーズ日本近現代2）』岩波新書　2006年
佐藤幸治『世界史の中の日本国憲法―立憲主義の史的展開を踏まえて』左右社　2015年
井上ひさし・樋口陽一『「日本国憲法」を読み直す（岩波現代文庫）』岩波書店　2014年

第3章　人として生まれながらにもちうる権利

みらいさん　ここで学ぶのは「人として生まれながらにもちうる権利」となっていますが、それはいわゆる「人権」のことですよね。

はやと先生　みらいさん、よくわかりましたね。ただ、「生まれながらに」といっても、「人権」という権利が獲得されたのは、比較的最近のことなのです。18世紀後半のアメリカの独立宣言やフランス革命で人間の自由・平等・博愛といった人権を謳った「人権宣言」において人権が権利として市民の間で認識されるようになったのです。

みらいさん　確かに歴史を振り返ってみると、人は虐げられたり、弾圧されたり、戦争で苦しむ人がいたりという歴史が繰り返されてきたように思います。

はやと先生　人間が社会を形成していくなかで、身分や地位などの差が生まれてきました。そして身分の高い人が低い人を様々な制約で縛り付けたりしました。様々な差別もありました。国や独裁者による搾取もありました。そして市民は苦しみのなかで戦って獲得したのが人権なのです。

みらいさん　人権が守られて生活できるということは、実はものすごく幸せなことなんですね。

はやと先生　そうです。人権には様々な種類や考え方があるけど、まず最初に確立されたのは、人が国家から不当な扱いを受けない権利である「自由権」なんだ。命を脅かされることなく、自由に考え、自由に表現し、自由に活動できることが保障されてはじめて自分らしく生きていけるよね。ただ、みんなが自由に振る舞うことで、逆に人に迷惑をかけたり、傷つけたりすれば、一方で人権を侵していることになります。日本国憲法第13条には個人は尊重されるとしながらも「公共の福祉に反しない限り」と一定の制限をかけています。

みらいさん　「公共の福祉」ですか。少し曖昧な表現ですね。

はやと先生　では、「公共の福祉」も含めて、人権の範囲や法人、外国人、人権と人権がぶつかったときなど、具体的な人権について学んでいきましょう。

1 人権の享有主体性

① 自然人の人権

▼自然人の人権享有主体性

　日本国に居住する個人（＝自然人）の人権は、日本国憲法により保障されています。この人権保障を受けることができる地位のことを「人権享有主体性」といいます。日本国憲法第11条は、「国民は、すべての基本的人権の享有を妨げられない」と規定し、日本国民の人権享有主体性を明記しています。しかし、自然人であっても特殊な地位にある人や成長段階において、特別な配慮が必要な場合には、一般国民と異なる人権保障となります。

　天皇や皇族は自然人ですが、職務の特殊性から選挙権や被選挙権がありません。幼稚園や保育所等に通う子どもなどの未成年者については、成長過程における判断能力を考慮して参政権や財産権が制限されています。

　同様の観点から刑務所に収監されている人（在監者）や公務員も自然人としての人権享有主体性は認められても、人権保障が一部制限される場合があります。

▼人権の性質

　私たちの人権には、固有性、不可侵性、普遍性の性質があります。固有性とは、人権は憲法や天皇によって恩恵として与えられたものではなく、人間であることにより当然に有する権利であるということです。この固有性から、日本国憲法に人権の明文規定がなくても、憲法第13条の幸福追求権を根拠として、プライバシー権などの新しい人権を導きだすことができるのです（第4章参照）。また、第11条の「現在及び将来の国民に与へられる」という規定は、固有権を意味しています。

　不可侵性とは、人権は国家権力により侵害されないということです。私たちの人権は、歴史のなかで国家（特に行政権）により侵害された歴史があります。この教訓から人権の不可侵性は形成されました。第11条および第97条に規定されている「侵すことができない永久の権利」は、人権の不可侵性を意味しています。

　普遍性とは、人権は、人種、性別、社会的身分、出身階層などの違いに関係なく、ただ人間であることのみで享有できる権利であることをいいます。第11条の「国民は、すべての基本的人権の享有を妨げられない」という規定は、人権の普遍性を意味しています。

② 法人の人権

▼法人の人権享有主体性

　私たちの社会のなかでは、自然人の様々な活動をより活発化するために、法により自然人が有する権利を有し、義務を負う地位を与えた団体があります。これを「法人」といいます。例えば会社や病院、幼稚園や保育所などの社会福祉施設など、様々な目的をもった法人が施設の運営や活動をしています。

　日本国憲法には、法人の人権保障規定がありませんから、これらの法人は、日本国憲法が保障する人権を享有し、行使できるのかが問題となります。

　判例[*1]では、「憲法第3章に定める国民の権利および義務の各条項は、性質上可能なかぎり、内国（日本）における法人にも適用される」として、法人の人権享有主体性を認めています。

*1　八幡製鉄政治献金事件判決
最大判昭和45年6月24日。

▼法人の人権享有の範囲

　幼稚園や保育所などのような法人の活動は、先生や子どもたちなど自然人を通して行われ、活動の効果は自然人の活動に密接に関係します。それゆえに、法人に人権享有主体性を認めることは、法人に所属する自然人の人権保障にもつながります。

　しかし、法人の人権行使が、自然人の人権行使を不当に制限するものであってはなりません。例えば、特定の宗教を信条とする幼稚園が、別の宗教を信仰する保護者や園児に宗教活動を強要することは、自然人の人権行使を不当に制限することになり、認められません。

　法人の人権享有主体の範囲については、法人の目的や性格により判断します。法の下の平等、精神的自由権、経済的自由権、受益権などは認められますが、人身の自由や生存権、参政権は、人権の性質上認められません。

③ 外国人の人権

▼外国人の人権享有主体性

　日本社会の国際化にともない、幼稚園や保育所などにも外国籍の子どもが増加しています。法務省によれば、2017（平成29）年6月末の在留外国人数は247万1,458人となっています[1]。

　日本国憲法は、日本国で生活する日本国民の人権保障を規定しています（第11条）。しかし、在留外国人は、日本人と同様の生活をしています。日本国籍の子どもと外国籍の子どもにおいても同様です。そこで、日本国憲法では

日本で生活する外国人の人権を保障しているのかが問題となります。

判例[*2]は、「憲法第3章の諸規定による基本的人権の保障は、権利の性質上日本国民のみを対象としていると解されるものを除き、わが国に在留する外国人に対しても等しく及ぶ」としています。この考え方の背景には、人権は、生まれながら当然に有する権利であり、国家により与えられたものではないという自然権思想があります。

[*2] マクリーン事件判決
最判昭和53年10月4日。

▼外国人の人権享有の範囲

幼稚園や保育所などで生活する外国籍の子どもに人権享有主体性が認められるとしても、日本人の子どもと同じ人権保障を受けることができるのでしょうか。

外国人には、国家による援助を必要としない精神的自由権については、原則として当然に保障されます。しかし、国民の健康で文化的な最低限度の生活の保障や義務教育を受ける権利の保障（社会権）は、国家の支援を必要とします。それゆえに、外国人の社会権の保障は、国籍国の責任であり、日本人と同様な人権保障ではありません。ただし、在日韓国・朝鮮人や在日台湾人など、日本の植民地支配と深い関係をもつ人たちについては、日本人と同様の人権保障が必要です。

選挙権や被選挙権など参政権について、国の政治の最終決定権は、日本国民にあるので（国民主権）、外国人には保障されません[*3]。この他、職業選択の自由（第22条）や財産権の保障（第29条）については、国家の安全保障などの理由で特別の制約をともなうことがあります。また、外国人の入国の自由は、国際慣習法上認められないと考えられています。

[*3] 第5章 p.72参照。

2 人権の制約

① 人権制約の意味

私たちは、誰もが社会のなかで生活しています。そこでは、個人の人権は尊重されなければなりません。しかし、誰もが自分の人権を無制約に主張し合えば、対立と混乱が発生します。例えば、幼稚園のなかで子どもが互いにおもちゃや遊具の使用を主張し合えば、けんかが発生し、楽しい園生活が実現できなくなります。こんなときに、自分勝手な遊具の利用に制限をかけ、順番を決めておけば誰もが楽しく遊具を利用することができ、けんかがなくなります。このような理由から、人権には制約がともないます。

ただし、人権が制約されるのは、自分が主張する人権が他人の人権と抵触する場合です。例えば、夜に大きな声で歌を歌えば、近所の人の安眠を妨害しますし、大きなショッピングモールを無制約に建設すれば、小規模な商店は倒産します。

一方、頭のなかで考えること（内心の自由）は、どんなに反社会性があっても他人の人権とぶつかり合うことはありませんから、制約してはいけません。それゆえに、江戸時代に行われた絵踏のように、頭のなかで考えていることを無理やり外に出して、処罰するようなことは認められません[*4]。幼稚園や保育所などに通う子どもの保護者への信条調査目的で、購読している新聞や雑誌を聞くことは、保護者の内心の自由を侵害する危険性があります。

*4 第6章 p.81参照。

② 公共の福祉の役割と具体的基準

▼公共の福祉の役割

日本国憲法は、人権の制約基準を人権個別に規定する方式を採用していません。「公共の福祉」が唯一の明文化された人権制約基準です（第12・13・22・29条）。通説では、公共の福祉の考え方について、次のように考えられています。第1に、公共の福祉とは、人権相互の対立や衝突を調整するための公平の原理です。第2に、公共の福祉は、憲法規定の有無にかかわらず、すべての人権に当然に含まれているものです。第3に、自由権の制約は必要最小限度の規制とされます。

しかし、公共の福祉は、抽象的かつ曖昧な基準です。曖昧な基準で人権を制約すると、日本国憲法の人権保障機能が弱体化します。例えば、幼稚園や保育所などにおける、安全で円滑な運営目的のために公共の福祉で園児の様々な人権を制約した場合、障害のある子どもや家庭環境に問題のある子どもなどの入園や行事参加が必要以上に制限される危険性があります。それゆえに、公共の福祉をより具体化する人権制約基準が必要になります。

▼比較衡量論の考え方

公共の福祉による人権制約をより明確化する理論として「比較衡量論」が考えられました。この考え方は、人権制約することによって得られる利益と失われる利益を比較して、得られる利益が大きい場合に人権制約を合憲とするものです。

判例のなかでは、ストライキ事件における労働基本権の制限により失われる労働者の利益と労働基本権の制約により得られる国民生活の円滑な運営の利益を比較して、判断された際に採用されています。

この考え方は、戦後の日本の人権制約基準の主流となっています。しかし、この基準は、社会の利益と国民1人の利益を比較した場合、個人の人権を軽視する危険性があります。

▼二重の基準論の考え方

　二重の基準論は、私たちの人権の性質に応じた人権制約基準を用いるという考え方です。この考え方は、比較衡量論をより精緻化する目的で、アメリカの判例を通して形成されました。

　精神的自由権、特に表現の自由（第21条）は、私たちの社会活動の重要なルールである民主主義に直結しています。言論統制を行うなど、表現の自由を安易に侵害すれば、私たちは、民主主義の過程で自由に発言できなくなり、社会のなかで自分の思い（自己実現）ができなくなります。それゆえに、表現の自由を制約するときには、人権の制約程度がより少ない手段を採用するとか、人権侵害が急迫し、かつ明白な場合など厳格な審査基準「厳格な基準」が求められます。

　一方、経済的自由（職業選択の自由や財産権の保障）は、人権侵害があっても民主制の過程が確保されていれば、回復することが可能になります。例えば、増税という財産の侵害に反対の場合には、言論・出版・デモ行進など表現の自由を使って、増税にストップをかけることができます。それゆえ、経済的自由については、合理的な理由があれば制約できるという「合理性の基準」が採用されます。

　このように、人権のもつ性質や特色をより細かく検討しながら、人権制約に厳しい基準を適用したり、緩やかな基準を適用したりするなど、適用手段を使い分ける方法を「二重の基準」といいます。

3　日本国憲法の人権分類と適用

① 人権の中核概念「個人の尊厳」

　日本国憲法が保障する人権の中核は、「個人の尊厳」です。第13条で「すべて国民は、個人として尊重される」と規定されています。個人の尊厳と同じ意味で、「個人の尊重」や「人間の尊厳」という概念が使われることがあります。私たちの人権は、個人の尊厳を具体的に表現するものとして規定されているのです。

　個人の尊厳とは、個人は社会のなかで、かけがえのない存在として、自分

の思い（自己実現）が図られるように尊重するということです。しかし、個人の尊厳という概念は抽象的です。抽象的な概念では、私たちの自己実現を十分に保障することはできません。そこで、私たちを守る手段として明文規定されたものが、日本国憲法が規定する「人権」（基本的人権）なのです。

② 人権体系の概要「具体的な人権」

▼自由権の意味と歴史

自分の思いを実現するためには、私たちの行動が国家や第三者によって介入・干渉されないことが必要です。ここから個人の尊厳を保障する最も重要な人権として「自由権」が出てきました。自由権とは、他人の介入を排除して、個人の自由を保障する権利をいいます。国王や国家機関が、恣意的に私たちの私生活に介入し、臣民・国民の生活を侵害した歴史的背景により、特に国家権力からの自由に重点が置かれています。自由という概念は、18世紀のアメリカ独立革命やフランス革命などの近代市民革命を契機として形成されました。日本国憲法は、この歴史を継承し、精神的自由権、経済的自由権、人身の自由に大別して規定しています。

▼社会権の意味と歴史

しかし、私たちは、自由だけでは個人の尊厳を守ることができません。社会的に弱い立場にある人、例えば子ども、重度の障害者、認知症の高齢者などは、自分の力だけでは生きていくことができません。これらの人々の個人の尊厳を守るには、国家が介入して、人間に値する生活を保障する必要があります。これが「社会権」です。

18世紀以降、自由権は、資本主義の発展を導きました。しかし、国家の介入のない自由な経済活動は、貧富の格差や失業を生み、結果として社会的に弱い立場の労働者は、生存の危機に直面することになりました。このような背景のもと、国家の介入により、人間に値する生活を保障する社会権が20世紀に登場します。社会権は、社会的弱者を保障対象にした人権として、大きな意義があります。生存権（第25条）は、社会権の中心となる人権です。

このほかに、具体的な人権としては、私たちが社会の一員として政治に参加し、自己実現を図る手段を確保するための参政権や国家の積極的な作為を要求し、国家制度の利用を求める権利として受益権（国務請求権）があります。

③ 人権体系の概要「包括的な人権」

包括的な人権（包括的基本権）とは、すべての人権に関係する基礎的な権利、あるいは、特定の人権に含まれない包括的な権利や原則規定をいいます。すべての人権に関係する基礎的な権利として、法の下の平等[*5]（第14条）が規定されています。特定の人権に含まれない包括的な権利として、幸福追求権[*6]（第13条）、原則規定として法定手続保障（第31条）が規定されてい

*5 法の下の平等
　第5章参照。

*6 幸福追求権
　第4章参照。

表3-1　日本国憲法が保障する基本的人権一覧

自由権	精神的自由権	思想・良心の自由（第19条） 信教の自由（第20条） 表現の自由（第21条） 学問の自由（第23条）
	経済的自由権	居住移転・職業選択の自由（第22条） 財産権の保障（第29条）
	人身の自由	奴隷的拘束・苦役からの自由（第18条） 法定手続の保障（第31条） 不法逮捕に対する保障（第33条） 抑留・拘禁に対する保障（第34条） 住居の不可侵（第35条） 拷問・残虐な刑罰の禁止（第36条） 刑事被告人の権利（第37条） 黙秘権の保障（第38条） 遡及刑罰の禁止・一事不再理（第39条）
平等権		法の下の平等（第14条） 両性の本質的平等（第24条） 教育機会の均等（第26条） 選挙の平等（第44条）
社会権		生存権（第25条） 教育を受ける権利（第26条） 勤労の権利（第27条） 勤労者の団結権・団体交渉権・団体行動権（第28条）
参政権		選挙権・被選挙権（第15・43・44・93条） 公務員の選定・罷免権（第15条） 最高裁判所裁判官の国民審査権（第79条） 地方特別法の住民投票権（第95条） 憲法改正の国民投票権（第96条）
国務請求権 （受益権）		請願権（第16条） 国および公共団体に対する賠償請求権（第17条） 裁判を受ける権利（第32条） 刑事補償請求権（第40条）

ます。

　私たちは、社会のなかで誰もが同じ価値をもつ人権が保障されなければ、個人の尊厳を実現することはできません。ここから、すべての人権の前提として、同じ条件にある人の間では、不平等な扱いがなされないことを内容とする法の下の平等が規定されているのです。

　幸福追求権は、アメリカ独立宣言（1776年）に由来するものであり、日本国憲法第3章の人権規定により保障されない権利を補う役割を果たします。具体的には、日本国憲法の人権保障規定にはありませんが、社会の変化のなかで新たに保障が必要となった、いわゆる「新しい人権」を導く場合の根拠になります。

④　日本国憲法の私人間への適用

▼憲法の私人間適用の背景

　憲法が保障する人権は、国王や国家による臣民・国民の自由権侵害が原因となり形成された沿革から、原則として国家による公権力と国民の間に適用されると考えられてきました。

　しかし、現代社会において、私たちの人権は、国家権力よりも会社、学校、個人など私人によっても侵害される事件が増加するようになりました。私たちの周りで、私立幼稚園に勤める女性教諭の賃金が同じ条件の男性教諭に比べて低いことから問題になることがあります。また、私立幼稚園の理事長が特定の思想や宗教を職員・園児・保護者に強要する場合があります。この場合に、日本国憲法の人権規定を私人相互の関係（私人間）に適用することにより救済されるのか問題となります。

▼憲法の私人間適用の考え方

　憲法は、公権力に対する人権保障の防御権（国に制約をかけて人権侵害を防ぐ）と考えたとき、私人間（個人と個人）に憲法は適用されないとする考え方（無効力説）をすれば、憲法による人権保障の目的が十分達成されません。憲法第98条で「国家の最高法規」と規定されているのは、私たちの人権を守る法だから国家の最高法規と規定されているのです。

　一方、私人間に直接適用されると考えれば（直接適用説）、私たちの社会における自由な活動（私的自治）を侵害する危険性があります。キリスト教の教義に基づく幼稚園が、異なる宗教の園児をクリスマスミサに参加させることで信教の自由（第20条）の侵害が問題となった場合、幼稚園と園児・保護者の私人間に憲法が適用されると幼稚園の根幹となる自由な活動が否定さ

*7 三菱樹脂事件判決
最大判昭和48年12月12日。

れるおそれがあります。

これらの弊害を避ける理由から、判例*7では、憲法による人権保障規定を、私人間に直接適用するのではなく、民法第90条の公序良俗違反など私法上の一般条項に憲法の趣旨を反映させることにより、間接的に私たちの人権を保障すると考えています（間接適用説）。

確認テスト

① 日本国憲法の人権保障を受けることができる地位のことを＿＿＿＿＿＿＿という。
② 日本国憲法が保障する人権の性質には、＿＿＿＿、＿＿＿＿、＿＿＿＿の性質がある。
③ 人権制約について、日本国憲法は＿＿＿＿＿＿により制約できると規定している（第12・13・22・29条）。
④ 人権制約について、精神的自由の制約基準については＿＿＿＿＿が適用されるのに対して、経済的自由の制約基準については、＿＿＿＿＿＿が適用される。
⑤ 国家の国民生活への権力的介入を排除して個人の尊厳を保障する人権を＿＿＿＿といい、＿＿世紀の＿＿＿＿＿＿を契機として形成された。
⑥ 資本主義のもたらす弊害が原因となり、国家の介入により個人の尊厳を保障する人権を＿＿＿＿といい、＿＿世紀に形成された。
⑦ すべての人権に関係する基礎的な権利、あるいは、特定の人権に含まれない包括的な権利や原則を含む人権を＿＿＿＿＿＿という。
⑧ 日本国憲法第３章の人権規定により保障されない人権を補い、新しい人権の根拠となる包括的な人権を＿＿＿＿＿＿という。
⑨ 憲法の人権規定は、伝統的に＿＿＿＿と国民の間に適用されるものと考えられていた。
⑩ 憲法の私人間適用における間接適用説とは、公序良俗など＿＿＿＿＿＿＿に憲法の趣旨を反映させ、間接的に人権保障を行う考え方である。

（解答は187ページ、またはQRコードを読み取り）

第3章 人として生まれながらにもちうる権利

考えてみよう

① あなたは、いままで人権についてどのような理解をしていましたか？また、この章で人権の種類や内容を学んで新たな気づきや理解に変化はありましたか？

② 人権の中核概念「個人の尊厳」を社会のなか、あなたの身のまわりで尊重するために、どのような行動をとればよいかを考えましょう。

③ あなたの身のまわりにいる外国人の人権は、日本においてどのように保障されているのかを考えてみましょう。あなたの人権と同じ保障、異なる保障を具体的に考えてみましょう。

④ あなたの人権と他人の人権がぶつかり合う場合を考えてみましょう。その場合に、どのように調整すれば幸せな社会が実現できるかについて考えてみましょう。また、公共の福祉で容易に人権を制約する場合がないかを考えてみましょう。

⑤ あなたの個人の尊厳を保障するために、誰にも邪魔や干渉されたくない事例と国や地方自治体の援助がなければ生きていけない事例を考えてみましょう。

⑥ あなたの身の周りで、あなたの人権を侵害する存在を考えてみましょう。国と私人（会社、学校、個人、団体など）を比べた場合、どちらがあなたの人権を侵害しているのかを考えてみましょう。

【引用ホームページ】
1）法務省：平成29年度在留外国人統計表資料
　　http://www.moj.go.jp/housei/toukei/toukei_ichiran_touroku.html
　　（2018年3月1日閲覧）

【参考文献】
山本克司『福祉に携わる人のための人権読本』法律文化社　2009年
芦部信喜・高橋和之補訂『憲法　第6版』岩波書店　2016年

第4章　個人の尊重と幸せに生きる権利
　　　（幸福追求権）

はやと先生　人はできるだけ幸せに生きたいと願います。日本国憲法でも「幸福追求権」を第13条に定めています。でも、幸福の定義は人それぞれですね。

みらいさん　確かにそうですね。はやと先生が幸福と感じることと、私が幸福と思うことは、たぶん……いやかなり違いがあると思います（笑）

はやと先生　だから幸福を「保障」するのではなく、「追求する権利」を保障しているんです。

みらいさん　幸せは自分で求めていくものなのですね。なんだか、少し哲学的な。

はやと先生　そう！　人生というのは待っていては拓けませんからね。ところで前の章で、基本的人権について学びました。そして、「公共の福祉」に反しない限り自由に生きる権利が憲法で保障されていましたね。現代では、もう少し広い意味で、一人ひとりが幸せに生きる権利として、新しい人権の考え方が生まれています。

みらいさん　新しい人権ですか？

はやと先生　例えば、みらいさんのことを第三者が勝手にSNSに情報を載せたらどう思う？

みらいさん　それは嫌です。プライバシーの侵害です！

はやと先生　そう思いますよね。だからみだりにプライバシーを公開されることは、人権侵害にあたるという考え方が今では主流となっています。

みらいさん　では、高校生のとき、校則で髪を染めてはいけないとか、アルバイトは禁止だとかいろいろ制限がありましたけど、これは、幸せを追求するための個人の決定を規制していることにはなりませんか？

はやと先生　髪を染める自由というのも、ある意味人権といえますね。ただ、学校が校則を守ることを前提に学生を募集し、それを本人が了解して入学するか、校則がゆるやかな学校を選ぶかは、やはり本人の選択ではないでしょうか。また、未成年という立場や風紀の問題など様々な因子がありますから、一概に人権の侵害と断定することはできないと思います。

みらいさん　難しい問題ですね。

はやと先生　新しい人権がどこまで認められるのか？　保育や教育の現場でも直面する問題ですので、ここで考え方を学んでいきましょう。

1 憲法第13条の位置づけと法的性格

① 憲法第13条の概要

▼個人として尊重される（前段）

日本国憲法第13条は、以下のように書かれています。

> すべて国民は、個人として尊重される。生命、自由及び幸福追求に対する国民の権利については、公共の福祉に反しない限り、立法その他の国政の上で、最大の尊重を必要とする。

第13条の最初の一行を「前段」といいます。前段には、「個人として尊重される」と明言されています。つまり、国民一人ひとりをかけがえのない存在と捉え、その個人の価値を最大限に尊重するという個人主義を定めたものです。第13条の「個人の尊重」は、第24条2項の「個人の尊厳」と同義に解され、憲法の基本原理の一つです。

第13条前段で個人の尊重という大原則を掲げ、第11・12・97条とともに基本的人権の総則的規定となっています。

▼幸福追求権の保障（後段）

憲法第13条の「生命、自由及び幸福追求に対する国民の権利については、公共の福祉に反しない限り、立法その他の国政の上で、最大の尊重を必要とする」と書かれている部分を「後段」といいます。

この後段で示されている「生命、自由及び幸福追求に対する」権利は、まとめて「幸福追求権」と呼ばれています。

憲法が「幸福」を「追求」する権利を定めていることについてどういうイメージがありますか？　これは、国民一人ひとりに対して、憲法が「幸福」の権利そのものを与えることを保障しているわけではありません。何が幸福なのかは人によってそれぞれです。憲法は一人ひとりの幸福の権利自体を保障することは無理なので、国民がそれぞれの価値観に基づいて「幸福を追い求める権利」を認めているのです。

▼幸福追求権の役割―包括的基本権―

幸福追求権は憲法にその中身が書かれているわけではなく、具体的にどの権利が幸福追求権に該当するのかは決まっていません。

憲法には、第14条の平等権の規定以下に、具体的に個別の人権が書かれています。これらの人権の列挙は「人権カタログ」とも呼ばれ、何が人権なの

第4章　個人の尊重と幸せに生きる権利（幸福追求権）

かわかりやすいですが、第14条以下の人権は歴史的に「権利のための闘争」を通じて獲得されてきた権利を列挙するにとどまっています。しかし、憲法はこれ以外の人権を除外している趣旨とは解されていません。なぜなら第13条後段は、憲法制定後の新しい人権の出現を予測し、将来において国民が必要な人権を創設し、発展していくことを予想した規定と考えるべきであるとされているからです。

一般に、憲法に具体的・個別的に明示されていない権利であっても、基本的人権全体の基礎となる権利であって、人格的生存に不可欠な権利を包括的基本権といい、本章の幸福追求権や第14条の法の下の平等、第31条の法定手続の保障などがその例にあたります。

包括的基本権とは、第14条以下に規定されている個別的人権に対して補充する権利であり、その内容は包括的な自由権であるとする見解で、この考え方が通説となっています。

つまり幸福追求権は、その呼称や権利が独自の特定の行為を保障する個別的人権ではなく、包括的な権利であり、幸福追求権を認めることで憲法に列挙されていない人権や自由を導き出す根拠となります。これが幸福追求権が果たす重要な役割であり、幸福追求権は包括的基本権と呼ばれています。

② 幸福追求権と「公共の福祉」

およそ、人間の求めるもので、幸福を追求するものはないともいえるくらいですから、幸福追求権の権利のなかには、何でも入ってくるといえます。ですから、誰かの人権を守ることは、他の誰かの人権を侵害してしまうことがあります。だからこそ、憲法は幸福を追い求めることを認める代わりに、「公共の福祉」による制約を明記しているのです。

憲法が保障する人権や自由については、国民は濫用してはならず、「公共の福祉」のために利用する責任を負うというのが基本原則です。幸福追求権には「公共の福祉」という制約が付いています。

幸福追求権を行使するときに自分の権利だけを主張しては、周囲への迷惑になる場合もあります。自身の人権を行使するために他人の人権を侵害することになっては、憲法の示す「個人の尊重」は実現できません。人は他人の権利を尊重してこそ、自分の権利も主張できます。「公共の福祉」とは他者との調和による秩序ともいえます。幸福追求権は、「公共の福祉」に反しない限り、国政の上で最大に尊重されます。

2 憲法第13条から導き出される人権 ―「新しい人権」―

① 新しい人権とは？

「新しい人権」とは、日本国憲法の条文に明文化されていない権利のことです。憲法制定後の経済発展にともない、公害や環境問題が社会問題となりました。IT改革が進展した現代社会では、情報化社会が形成され、私たちは日々、情報の取捨選択に向き合っています。

憲法を制定したときには予想できなかった社会の変化が生じ、新たに憲法的価値に沿って保護に値し、認めることが必要とされる場合には、それを「法的権利」として正当化し認めていこうとする考え方のなかで出てきた権利を「新しい人権」といいます。

日本国憲法は第14条以下に、表現の自由や学問の自由など人権規定を列挙して具体的にどのような人権があるかを示していますが、憲法に書かれている個別的規程だけに限定したのではなく、時代の変化に応じて生じる個人の要求を具体的人権として創設することを認めています。ですから、新しい人権は憲法第13条を根拠規定としています。第13条は新しい人権を正当化する憲法上の根拠といえるのです。

幸福追求権に基づいて導かれる権利は広く全体に及ぶ権利です。この幸福追求権によって保障される個々の権利を具体的権利といいます。具体的権利は裁判上の救済を受けることができる権利と考えるのが通説・判例です。

② 新しい人権の例 ―環境権―

人権の内容は、憲法に書かれているものだけに決まっているわけではありません。時代が進み、社会が変われば、新しい状況に応じた新しい人権の保障が必要になってきます。

日本国憲法には書かれていませんが、第13条の幸福追求権から導かれる新しい人権の例として、プライバシーの権利、環境権、知る権利、情報に対する権利、自己決定権、生命倫理、インフォームドコンセント、日照権、嫌煙権、眺望権など、多くの権利が主張されるようになってきました。

人が、健康で快適な生活を送るために、きれいな水や空気など、良好な環境で暮らすことは大切な権利です。

環境権は、高度経済成長期における急激な工業化などにより、公害問題や

第4章 個人の尊重と幸せに生きる権利（幸福追求権）

環境破壊が深刻化したことから、人間の生命や健康、生活を守るために登場した権利です。1972年にストックホルムで開催された第1回国連人間環境会議で採択された人間環境宣言のなかに盛り込まれました。

日本では、大阪空港の騒音問題を争った「大阪空港訴訟」など、多くの公害防止・環境保全をめざした訴訟で環境権が主張されましたが、いまだに裁判で主張できる具体的権利として環境権を明示的に認めた判決はありません[*1]。環境権はいまだに形成途上にあります。

環境権から派生した考え方に「日照権」「眺望権」「静穏権」「通風権」「嫌煙権」などがあります。

[*1] 1981（昭和56）年に最高裁は、大阪空港訴訟について環境権そのものを憲法上の具体的権利としては認めませんでした。

③ 新しい人権を導き出す基準 —幸福追求権の内容—

社会の変革にともない、日本国憲法制定時よりも、保障する範囲の人権が増えました。人々が幸福を追求するために、生活領域のあらゆる場面や事柄を幸福追求のための必要な権利であると要求すると、どのようなことが起きるでしょうか。

何が幸福追求権なのか、その内容と保障範囲を確定するにはどうしたらよいのでしょうか。何が幸福追求権かを認めるには2つの学説の対立があります。

憲法第13条は、基本的にすべての行為を自由として保障しているのだから国は不必要な制約を設けてはならない、とする考え方を一般的自由説といいます。この説によると、人は危険行為を含めてどのような行為を行っても自身の幸福追求のために必要な権利として保障されることになります。

新しく保護するべき法益が出てきたからといって、何でも幸福追求のため

に必要な新しい人権として認めてしまうと、どれが人権なのか判別しにくくなり、歴史的闘争を経て人類が獲得した基本的人権という本来の大切な意味合いが薄れてしまいます。また、あらゆる行為を人権として保障すると、人権同士の衝突も増えることが予想されます。

　裁判所により新しい人権を認められることになると、裁判所の主観によって新しい人権が多く創設され、乱立する懸念があることも指摘されています。よって、裁判所は、新しい人権を認めるにあたっては、非常に慎重です。

　現在のところ、幸福追求権より導き出される新しい人権は、人格生存に必要不可欠な利益を内容とする権利のみを認めるべきであるとする考え方が通説です。この考え方を人格的利益説といいます。

3　プライバシーの権利―判例が認めた「新しい人権」―

① 一般的人格権

　幸福追求権は、包括的基本権としての役割があるため、ここから導き出される個々の権利は、裁判上の救済を受けることができる具体的な権利であり、大きく分けて「一般的人格権」と「自己決定権」に区分できます。

　人が社会生活を営み、自由な人格の発展を認める権利を総称して一般的人格権といい、財産権と対比されます。

　一般的人格権として、プライバシーの権利、肖像権、環境権などをあげることができます。プライバシーの権利は、憲法第13条を法的根拠として保障されます。新しい人権として判例上、正式に認められたのは現在のところ、このプライバシーの権利だけです。

② プライバシーの権利の定義の移り変わり

▼プライバシーの権利と「宴のあと」事件

　プライバシーの権利は、19世紀末のアメリカで最初に唱えられるようになりました。そのときには、「ひとりで放っておいてもらう権利」（a right to be let alone）という定義でした。

　日本では、「宴のあと」事件で、はじめてプライバシーの権利を人格権の一つであることを裁判所は認めました。この判例[*2]では、プライバシーの権利を「私生活をみだりに公開されないという法的保障ないし権利」と示さ

[*2]　「宴のあと」事件
東京地判昭和39年9月28日。

第 4 章　個人の尊重と幸せに生きる権利（幸福追求権）

れました。この解釈は有名になり、これ以降、プライバシーの権利を新しい人権として認めていこうという議論が盛んになりました。

その後の情報化社会の進展にともない、私たちは知らないうちに、自己に関する情報が収集され、蓄積され、勝手に利用される不安が出てきました。そこで、個人情報の保護という要請が高まり、個人の情報は、自分自身が管理し、自己情報を閲覧や訂正できる権利としてプライバシーの権利を据えるべきという考え方が主流になってきました。

学説上では、人が自分の個人情報を自身でコントロールする権利としての意味を含むものと取り扱うのが通説となっています。現在では、プライバシーの権利を「自己に関する情報をコントロールする権利」と定義されています。

この点で、プライバシーの権利には、個人情報をみだりに公開されないという自由権的側面とプライバシーの保護を積極的に求める請求権的側面もあるとみなされています。積極的要求は社会権の本質です。

新しい人権は多数主張されていますが、判例が認めたのはプライバシーの権利だけです。ただし、判例はプライバシーを保護する対象を自己情報のうち、「他人に知られたくない」自己情報に限定して認める傾向があり、大企業や官公庁が収集するデータ化された個人情報も含めて、すべての個人情報がプライバシー権を根拠として保護の対象となるわけではありません。

プライバシーの権利の侵害は、単なる「私生活の公開」だけではなく、盗聴や肖像権など、さまざまな形で問題になります。

▼肖像権

人は誰でも、自分の写真を他人から無断で撮影されたり、公開されたり、他人の目に晒されることのないように自分の肖像を守るために主張される権利です。

1962（昭和37）年、京都府学生自治会連合（京都府学連）が主宰したデモ行進に参加した学生が、京都府警の巡査により無断で写真を撮影され、そのことが第13条に違反しないかが裁判で争われました。1969（昭和44）年の最高裁判決[*3]では、警察による写真撮影の適法性については、合憲と判断しましたが、「容ぼう等を撮影されない自由」として「何人も、その承諾なしに、みだりにその容ぼう、姿態を撮影されない自由を有する」ことを認め、「警察官が、正当な理由もないのに個人の容ぼう等を撮影することは憲法第13条の趣旨に反し許されない」と示しました。この判決では、肖像権という用語を使って判決は出されていませんが、肖像をみだりに撮影されない権利として判示し、肖像権を初めて認めた事件として有名です。

[*3] 京都府学連事件
最判昭和44年12月24日。

③ 個人情報の保護

社会生活を営む上で私たちは、自分の氏名や住所、電話番号など、ある程度の自己情報を自ら開示して生活しています。また、自分の趣味や嗜好などを開示することで自らの生活をより快適にする健康情報や商品知識を得られると便利です。

しかし、人権を行使することは人権侵害と紙一重です。自らの利益を追い求めることで、どのようなリスクがあるのでしょうか。現代のように、高度かつ大量に情報収集ができ、高速処理される時代では、憲法制定当初には思いもつかないほど、人権侵害の不安は高まっています。

特に、自分の知らないところで、生活のさまざまな場面で、官公庁や自治体、または民間の事業者などに知られたくない自己情報が流出・利用され、そのデータを誰がどのように管理し、利用しているかは、社会全体の大きな不安といえます。1999（平成11）年、住民基本台帳ネットワークシステムが導入されたことで行政が収集した個人情報を民間が利用することに対して法規制を求める声が上がるようになりました。

2003（平成15）年に成立し、2005（平成17）年4月1日に全面施行された「個人情報の保護に関する法律」（個人情報保護法）では、それまで情報の取り扱いは自主規制に任されていた民間業者に対し、はじめて個人情報の適正な取り扱いに関する法規制が定められました。

2015（平成27）年10月には、マイナンバー制度がスタートしましたが、すでにマイナンバー情報の漏えいや誤送付も報告されています。

行政に対して、自分の情報を提出したくない場合はどうしたらよいのか、公に収集できなくすることは可能なのか、個人情報の管理について、私たちはこれからも、常に問題意識をもつべきといえます。

4 自己決定権

① 自己決定権とは

自己決定権という文言は日本国憲法には存在しません。自己決定権にあたる考え方を最初に提唱したのは、ジョン・スチュワート・ミル（J. S. Mill）です。ミルは、その著書である『自由論』のなかで他者に危害を与えない限り、人間には自由が必要であると、その思想を示しました。自由は個人の進

第4章　個人の尊重と幸せに生きる権利（幸福追求権）

歩や発展に必要不可欠なものであり、本当に人間らしくあるためには、自由に考え、判断することが前提と説きました。

プライバシーの権利が認知されるにつれ、自分のことは自分で決めることができる権利として社会的に受け入れられてきています。

自己決定権は、個人的な事柄について、公権力や社会の圧力を受けることなく、自分で自由に決定する権利とされ、第13条の幸福追求権の内容を構成するものとして保障されるというのが学説上の通説ですが、現在のところ、憲法上の具体的権利として認めた判例は存在しません。

②　自己決定権の内容

私たちは、毎日の生活のなかで、どんな服装やヘアスタイルで外出するのか、結婚はするのかしないのか、子どもをもつのかもたないのかなど、様々な選択肢のなかから決定して生きています。

自己決定権に関わる行為としては多くの例が想定されていますが、大きく分けて以下のものがあります。

1つ目に、リプロダクションに関わるものがあります。リプロダクションとは生殖という意味ですが、避妊・妊娠・出産等生殖に関わる事柄を自分で判断、決定する権利です。

2つ目に、服装や髪形、結婚や離婚、飲酒や喫煙、冬山登山の自由、同性愛の自由など、その人のライフスタイルに関することで、自己決定が認められるとするものです。

3つ目が、医療・生命に関わる事柄についてで、自分が受ける治療の選択や延命拒否、尊厳死、安楽死などの死に方の選定などがあります。

これらの事柄は、自分が自分らしくあるために、本人が決める問題だから、国家も社会も干渉しないで欲しいと、本来なら排除を請求する権利ですが、人間は社会で生活する以上、自己決定を貫き通すには、どうしても周囲からの干渉・介入・抑圧が入りやすいといえます。

③　自己決定権を争った事件—「エホバの証人」輸血拒否事件—

日本では、自己決定権を認めた判例は存在しませんが、自己決定権が問われた事件として、「エホバの証人」輸血拒否事件があります。

この事件の判決[*4]では、輸血を受けることは宗教上の信念に反するとして輸血による治療を拒否した患者の意思決定について、自己決定権を積極的

*4　最判平成12年2月29日。

には認めませんでしたが、人格権という表現を用いて「人格権の一内容として尊重されなければならない」として原告（患者）の損害賠償請求を認めました。

④ 自己決定権の問題点

　何でも自己決定権として認めてしまうと、命に関わる危険行為まで権利として認められるのかという議論が出てきます。人権として保障することは、同時に他の人権を侵害することにつながる問題が出てきます。人権保障と人権侵害は表裏一体です。

　ライフスタイルに関する自己決定権については、学説では認めることに慎重な姿勢です。

　自己決定権という考え方について、ミルは、例え他者から愚かでつむじ曲がりの過ちだと評価される行為であっても、自らの責任と個人の領域に関する限り、誰にも邪魔されない自由権のことであり、いわば「愚行権」（the right to do what is wrong）という言葉を使って主張しました。

　現代社会に生きる私たちは、自分にとっては価値のある決定であっても周囲にどのような影響を及ぼすかも考えた上で、自己決定権は慎重に考えなくてはならないといえるでしょう。

　自己決定をする主体が、子ども、高齢者、障害のある人の場合なども個々のケースを考えなくてはなりません。また、自己決定を行使する際の情報や選択肢の限界もあります。自己決定したつもりであっても、実は、その選択肢は国家や社会が誘導したものかもしれないし、あるいは何らかの意図で情報操作され、国民に提示された選択肢は狭められたものである可能性もあります。

　人間の生死に関わる自己決定では、自己の生命・身体の処分に関する自己決定権は、遺伝子操作やクローン技術など、細胞までを含めて生命が本当にその人個人に帰属するのかという生命倫理の問題にからみ、人間本来の尊厳に深く関わる問題であるため、どこまで個人のコントロールで自己決定ができるのかをよく検討すべきだという見解も出されています。

5　保育所・幼稚園等におけるプライバシーの権利と個人情報保護

　保育所や幼稚園等の現場では、入所している子どもたちのプライバシーを

どうやって守るのか、様々な法律問題が訴訟によって提起されています。

園内の活動や行事を写真撮影してインターネットに掲載するにあたり、園児の写真の利用はどこまで許されるのか、入所を希望する園の選考から落ちた理由を知りたいなどが具体的な実情としてあげられます。

憲法第13条に関わる争点としては、プライバシーへの配慮という外部からの干渉・介入を拒絶する権利と、もっとよく知りたいという積極的に要求する「知る権利」との対立を争点にした判例がみられます。

入所を希望した保護者に対して、渋谷区長が判定した「入所可能な優先順位に達しなかった」ために保育所入所を承諾しない旨の処分が行われたことの違法性を争った渋谷区の保育所入所不承諾事件があります。この事件における、東京地裁の判決[*5]では、区の行った入所選考に不合理はなかったとして適法の判断をしています。

他に、保育所への入所を希望していたが、受入枠が不足していたため、入所できなかった保護者が、不承諾の決定処分は違法であるとして争った事例[*6]があります。大阪高裁では、判決文のなかで、なぜ入所できなかったのかの理由、そして、本件保護者の児童よりも他の児童の優先度が高かったと判断した基準は何かを知りたいという保護者の「知る権利」は当然のものとした上で、「本件処分の理由をより具体的に記載するとなると、他の児童の具体的な養育状況、各家庭における保護者の勤務状況等のプライバシーに亘る具体的事情との比較が問題とならざるを得ず、」不承諾の通知書に書かれた「入所希望者が多数のため、選考した結果により、入所できません」という通知の仕方は、ある程度、「抽象化した内容となることはやむを得ない」と判示しました。

なぜ希望する保育所に入れないのか、その理由は何か、と知りたい気持ちと他者のプライバシーへの配慮をする現場でのせめぎあいが伺える事例です。

現場の問題点を浮かび上がらせる裁判例では、子どもたち、保護者、運営する側、自治体など、それぞれの立場の主張がぶつかりあい、第13条を根拠とする新しい人権が抱える問題を学ぶことができます。

[*5] 保育所入所不承諾処分取消請求事件 東京地判平成19年11月9日。

[*6] 田村和之『保育所入所不承諾（代替保護の不履行）に関する京都地裁判決 京都地方裁判所／慰謝料請求事件判決 大阪高等裁判所／慰謝料請求控訴事件判決』月刊 保育情報 2014年453号

📝 確認テスト

① 憲法第13条には、生命、自由および_____に対する国民の権利については「最大の_____を必要とする」と定められている。

② 憲法が制定された当時では、人権として考えられていなかったが、時代を経て社会や経済が変化するにつれて、人々の生活が多様化し、制定当初

の人権だけでは法的に対応しきれなくなった。そこで、憲法に明文化されていない人権も保障されるべきだとした。これを、＿＿＿＿＿＿という。
③ 新しい人権には、具体的には＿＿＿＿＿、＿＿＿＿＿＿＿、＿＿＿＿＿などがある。
④ ある人が幸福を追求することにより、他者の人権を侵害することが起こりえる。そのような場合には＿＿＿＿＿＿によって調整が図られる。
（解答は187ページ、またはQRコードを読み取り）

考えてみよう

① あなたは、憲法に「幸福」という言葉が書かれていることを知っていましたか？ 憲法が示す「幸福を追求する」ということは、どういう意味でしょうか。
② 人権は日本国憲法に明文規定されているものだけではありません。憲法が制定された1946（昭和21）年当初には、考えられなかった人権が時代を経るにしたがって増え、「新しい人権」として認められるようになりました。社会の発展や多様化した人々の生活にともない、これから、どのような新しい人権ができてくるか考えてみましょう。
③ 何でも「新しい人権」として認めると、どういう困ったことがあるか考えてみましょう。
④ 自分のことは自分で決めているつもりでも、個人がもつ情報の範囲は限られています。あなたの情報は充分ですか？ 選択肢は万全ですか？ 自己決定権の問題点は何かを考えてみましょう。

【参考文献・ホームページ】
佐藤幸治『憲法 第3版（現代法律学講座）』青林書院 1995年
浦部法穂『入門憲法ゼミナール 改訂版』実務教育出版 1999年
初宿正典・高橋正俊・米沢広一・棟居快行『いちばんやさしい憲法入門 第5版』有斐閣 2017年
池田真朗・犬伏由子・野川忍・大塚英明・長谷部由起子『法の世界へ 第7版』有斐閣 2017年
山田卓生『私事と自己決定』日本評論社 1987年
田村和之・古畑淳・倉田賀世・小泉広子『保育判例ハンドブック』信山社 2016年
古畑淳「判例研究社会保障法判例——保育所入所選考基準に基づく保育所入所不承諾処分について、入所選考基準及び当該基準に基づく区の入所選考に不合理な点はなかったとして当該不承諾処分が適法であるとされた事例（渋谷区保育所入所不承諾事件）」『季刊社会保障研究』第45巻第2号 2009年 pp.197-204
参議院憲法審査会「発言要約一覧」

第 4 章　個人の尊重と幸せに生きる権利（幸福追求権）

http://www.kenpoushinsa.sangiin.go.jp/kenpou/houkokusyo/hatugen/03_06_12_01.html（2018 年 5 月 9 日閲覧）

法務省「主な人権課題」http://www.moj.go.jp/JINKEN/kadai.html（2018 年 5 月 11 日閲覧）

環境省「人間環境宣言」https://www.env.go.jp/council/21kankyo-k/y210-02/ref_03.pdf（2018 年 5 月 11 日閲覧）

コラム
幸福追求権と自己決定権

　今、あなたは授業を受けています。受講の最中にメールが飛び込んできました。あなたは授業を受けている最中ですが、メールに返信しますか？

　次の場合はどうでしょう？　授業が退屈で眠気を催してきました。あなたは寝ますか？

・授業中に寝る。
・メールをする。
・私語をする。
・受講している科目とは違う他の科目の課題などの「内職」をする。

　受講態度については、わざわざ法を持ち出すまでもなく周囲の迷惑にならないように慎むというのが良識ですね。

　でも、あえて法的な観点から考えてみましょう。このなかで、明らかに違法性の高いものはどれでしょう？　違法性を考える際に一つの基準になるのが、他人への実害発生です。授業を聞かずに周りの友人たちとおしゃべりをするのは、まじめに受講している他の学生に対して集中して聞くことを阻害する迷惑な行為であり、学習権の侵害にあたります。また、授業をしている教員に対して講義の展開を邪魔することになり、刑法上の「威力業務妨害罪」も成立し得ます。

　何よりも学費を払っているのに自ら受講する権利を放棄することになりもったいないですね。

　では、その他の行為はどうでしょうか？　退屈な授業だから自分の判断で寝る、時間を有効活用するために他の科目の宿題を内職する、うつむいてこっそりメールに返信する。メールは音が出ないですね。これらの行為はうるさい音を立てて他人に迷惑をかけるわけでもなく、いうなればあなたの自己決定権の行使です。摘発すべき違法行為ではありません。

　憲法第 13 条はあなたの幸福を追求する権利を認めています。ただし、自己決定権は責任をともないます。寝ても、内職してもいいですが、単位を落とさないようにご注意を。自分で判断して行った行為の結果、発生した結果については自ら責任を負うこと、第 13 条の規定する幸福追求権を行使するときは結果責任を意識しましょう。

第5章　法の下の平等

はやと先生　ここでは、日本国憲法第14条の「法の下の平等」について学んでいきましょう。まず、「平等」という言葉の意味をみらいさんはどう考えますか。

みらいさん　「同じように扱う」だとか「差別しない」といったことですよね。

はやと先生　そうですね。平等は前に学んだフランス革命で勝ち取った権利で、民主主義の根幹をなす理念です。ここでいう「平等」とは、一人ひとりの人間の価値はみな同じだから差別されないということです。第14条では「人種、信条、性別、社会的身分又は門地」などをあげていますが、これは例えであって、これ以外の理由でも差別的な扱いはされてはいけません。

みらいさん　でも憲法では、平等といっているけど、実際にはいろいろと不平等があるような気がします。

はやと先生　確かにすべてが平等というわけではないですね。例えば以前の会社の多くは男性より女性の方が給料が低かったり、上の職位に付けない、いわゆる出世に差があったりなどの男女間の格差がありました。逆にみらいさんがめざそうとしている保育士は、以前は保母と呼ばれて男性は資格を取ることができませんでした。これは、日本国憲法ができる以前の社会的な慣習を引きずっているということができますが、現代では、このような差別は法律で禁止されたり解消されてきています。

みらいさん　私たちが当たり前と思うことも、少し前は違っていたのですね。そういえば、保育所に子どもを預けるのに、所得によって料金が違ったり、地域によっては待機児童がいたりするのはよいのですか？

はやと先生　平等といっても、「みな同じ」では、不利益がある場合もあります。保育にかかるコストを均等に利用者に負担してもらうと、所得の低い人にはとても支払いできない金額になることもあります。子どもを預けて働いたとしてもますます経済的に困窮しては本末転倒なので、所得に応じた金額を負担してもらうわけです。これについては授業のなかで説明していきましょう。待機児童の問題は、本来解消されるべき問題ですが、現実的に保育所が不足している地域では、保育の必要度に応じて優先度をつけるのは合理的な判断とせざるを得ないですね。

みらいさん　法の下の平等といっても、社会問題のすべてが解消されるわけではないということですね。

はやと先生　そうです。やはり問題を問題として、声をあげて是正していくことで真の法の下の平等が実現されていくと思いますよ。では、授業をはじめましょう。

1 「平等」の意味—「平等」とは何か—

「平等とは何か」ということは、古代から繰り返し考えられてきた難しい問題です。ここでは簡単に2つの平等、つまり「形式的平等」と「実質的平等」について学びましょう。

① 形式的平等

まず、「形式的平等」とは、すべての個人に対して自由な活動の機会を平等に保障するということです。そのため、「形式的平等」は「機会の平等」とも呼ばれます。例えば、一人ひとりの性別や年齢、職業、収入などの違いに関係なく、18歳以上の日本国民であれば、選挙権をもつことができ、政治に参加する機会を平等に得ることができます。

憲法ができ上がったとき、最初に想定されていた「平等」の意味は、この「形式的平等」でした。これによって、一人ひとりの権利が平等に保障されるようになりました。しかし、産業革命が起こり、貧富の格差がそれまで以上に拡大した社会になると、すべての人に一律に権利を保障するだけでは、本当の「平等」を実現することが難しいということが明らかになりました。そこで、「平等」の意味の見直しがはじまります。

② 実質的平等

「平等」の意味の見直しによって、「実質的平等」という考え方も一般的になりました。「実質的平等」とは、それぞれの個人に違いがあることを前提に、事情や条件が同じ場合には均一に取り扱うということです。つまり、一人ひとりが異なった事情や条件下にある場合には、個別の事情や条件に応じて、違う取り扱いをしてもよいということです。例えば、年収3,000万円の人も年収250万円の人も関係なく、国民一人ひとりに100万円ずつの税金を課すことは、逆に不平等だと思いませんか。そこで、現在の日本は、所得の多い人ほど高い税金を払う累進課税制度を採用し、個人の収入に応じて異なる扱いをすることにより、実質的な平等を確保しています。このように、各個人の違いを前提として実現される平等が「実質的平等」です。このことから、「結果の平等」とも呼ばれます。

2 日本国憲法第14条

　日本国憲法第14条1項には、「すべて国民は、法の下に平等であつて、人種、信条、性別、社会的身分、又は門地により、政治的、経済的又は社会的関係において、差別されない」と書いてあります。この条文についてみていきましょう。

① 日本国憲法第14条の「平等」とは

▼日本国憲法第14条の「平等」の意味

　第14条1項に書いてある「平等」は、「形式的平等」と「実質的平等」のどちらの意味でしょうか。

　答えは、「両方の意味を含んでいる」です。どちらかの意味の「平等」を無視したら、社会のなかの「平等」を本当の意味で実現することはできません。第14条は、両方の意味での「平等」を権利として個人に保障すると同時に（平等権）、憲法全体に通用する原則ともしています（一般的平等原則）。

　なお、異なる取り扱いのすべてが差別であり、第14条に違反するというわけではありません。きちんとした「合理的な理由」があっての異なる取り扱い、つまり「区別」は、第14条違反とはならないのです。例えば、出産は女性だけが行えることですから、女性のみを対象として出産のための休暇を制度として会社が設けることは、「合理的な理由」のある区別であって、差別とはなりません。つまり、ある異なる取り扱いが「差別」なのか「区別」なのかを分ける基準は、異なる取り扱いをすることに「合理的な理由」があるかないかということになります。「合理的な理由」があれば、それは第14条に違反せず、合憲ということになります。

▼「法適用」の平等と「法内容」の平等

　この条文が意味する「平等」は、「法適用」の平等と「法内容」の平等を含んでいます。

　「法適用」の平等とは、行政権や司法権が法を適用する際、国民を差別してはならないということで、法を制定する立法権は平等原則に拘束されないことになるため、「立法者非拘束説」とも呼ばれます。そして、「法内容」の平等とは、法の適用だけではなく、法律の内容も「平等」でなければならないということを意味することから、立法権も平等原則にしたがわなくてはならなくなるため、「立法者拘束説」ともいいます。

② 差別する理由としてはならない例

　第14条1項には、差別の理由にしてはいけない事柄として、人種、信条、性別、社会的身分、門地をあげています。これらは、歴史的に差別の理由として多く利用されてきた例としてあげられているのであって（例示列挙）、第14条の条文に記されていない事柄であっても、それが不合理な差別である場合には、第14条に違反することとなり、許されないという理解が一般的です。つまり、条文には書かれていないけれど、年収、学歴、個人の趣味嗜好などを理由として不当な差別を行うことも憲法違反となります。
　第14条に列挙されている事柄について簡単にみていきましょう。

▼人種による差別の禁止

　人種とは、人類学的に識別される人間の種類で、例えば皮膚の色を理由とした差別が代表例としてあげられます。1950年代から1960年代のアメリカでは、アフリカ系アメリカ人に対する差別が原因となって、キング牧師などを中心とした公民権運動が起こっています。日本における事例として、アイヌ民族を「土人」と呼んで差別した歴史や、沖縄県の人々に対する差別、そして太平洋戦争終結まで日本の植民地だった台湾や朝鮮半島の人々への差別などがあります。
　人種を理由とする差別は、決して過去のものではありません。近年では、温泉施設が「Japanese Only」という張り紙を出して外国人へのサービス提供を拒否した事件や、ヘイトスピーチの問題などがあります。国際化の流れのなかで、日本国内に居住する外国人の数に加え、日本人と外国人との間に生まれる子の数が総人口に占める割合も増加していきます。将来の日本社会のなかで、この種の差別が再び発生しないような取り組みが必要です。

▼信条による差別の禁止

　宗教上の信仰に加え、思想上・政治上の主義・見解も含めた広い意味の言葉が「信条」です。ある政治信条をもっている人にだけ政治参加を認めない、ある特定の宗教を信仰している人々を迫害するなど、国家が国民の信条を理由にして不当な差別をした場合、憲法違反となります。江戸時代のキリスト教徒への迫害や、戦前の日本で起こった共産主義の弾圧などが、歴史的に有名です。「蟹工船」で有名な小林多喜二というプロレタリア文学の小説家は、共産主義を支持したために、最後は警察による拷問を受けて命を落としました。
　判例では、大学卒業後に就職した会社から、大学生時代の学生運動歴を入社試験の際に明らかにしなかったことを理由として3か月の試用期間後の本

採用を拒否されたことが問題となった三菱樹脂事件*¹が有名です。

▼性別による差別の禁止

性別とは、本来、男女の生物学的・身体的性差を意味します。大日本帝国憲法（明治憲法）下の日本では、家制度を背景として、極端な性別役割の固定と女性に対する差別がありました。例えば、日本国憲法ができるまで、選挙権をもつことができるのは男性に限られ、女性が選挙に参加することはできませんでした。また、政治集会への女性の参加が法律で規制されていたこともありました。その他に、結婚した女性は、夫の許可なしに他人から贈与を受けたり、労働契約を結んだりすることができませんでした。さらに不倫について、男性は法律上の刑罰を受けませんでしたが、女性は姦通罪という刑罰に処されました。

戦後、日本国憲法の下で上記のような女性に対する差別は改められましたが、それでも男女平等が十分に実現されたとはいえませんでした。しかし、職業における男女平等が労働法や国家公務員法によって規定され、加えて、女子差別撤廃条約（1981年発効）を受けて、男女雇用機会均等法（1985〈昭和60〉年）の制定などにより、徐々に経済活動における男女平等は実現されていきました。そして、1999（平成11）年には、男女共同参画社会基本法が制定され、男女共同参画社会の形成の実施が国・地方公共団体の責務となりました。そのため、内閣府には男女共同参画会議が設置され、さらに専門調査会や男女共同参画局を置き、地方公共団体でもこれに関連した条例が制定されています。

▼性別による差別をめぐる意識の問題

性別を理由として第14条違反が争われた判例では、定年退職する年齢を男性と女性で別々に設定した会社の規則が第14条に違反すると判断された女子若年定年制事件*²が有名です。

法律の上で男女平等が徐々に実現されてきたとはいっても、性別を理由にした差別がなくなったわけではありません。近年は、男女の定型化された特性に基づく差別（男らしさ・女らしさ）や、性別役割分担分業観に根ざした差別（家事・育児は女性の役割だとする考え方など）が憲法上の問題となるわけです。例えば、「イクメン」という言葉が注目を浴びました。これは、「子育てを楽しみ、自分自身も成長する男性」[1]のことを意味します。育児を女性任せにせず、自ら育児休暇を取って積極的に子育てに参加する男性を想像して下さい。これは、「積極的に子育てをしたいという男性の希望を実現するとともに、パートナーである女性側に偏りがちな育児や家事の負担を夫婦で分かち合うことで、女性の出産意欲や継続就業の促進」[2]につながる

*1 最大判昭和48年12月12日。三菱樹脂事件は、私人間効力の問題でもよく取り上げられる判例です。

*2 最判昭和56年3月24日。

というプラスの面があります。しかし、「育児は女性の役割」という従来の社会一般のイメージが、この「イクメン」が脚光を浴びた裏側に存在しているのです。「イクメン」という言葉が注目を浴びても、従来の社会一般のイメージや性別役割から、男性が育児休暇を取ることが実際には困難なのが実情です。性別による差別をなくすには、私たち自身の意識自体を変えていく必要があります。

現在、性別による差別の問題は「男と女」という二分法のみで捉えることはできなくなっています。性的マイノリティに対する差別についても、私たちはこれから考えていかなければなりません。

▼社会的身分、門地による差別の禁止

「社会的身分」と「門地」をそれぞれ厳密に定義することは困難です。「社会的身分」の意味について、学説の対立がありますが、ここでは「原則として出生によって決定される社会的な地位・身分、社会において個人の通常な努力では脱却できないような継続的地位」[3]として理解してください。本章の後半に出てくる、日本国籍保有者、非嫡出子などは、この社会的身分に該当します。その他に、被差別部落問題が、この社会的身分を理由とする差別の事例としてあげられます。

「門地」とは、家柄のことです。大日本帝国憲法下の日本では、華族と呼ばれる貴族制度が設けられていましたが、日本国憲法第14条2項では、このような貴族制度自体を否定しています。

3 「法の下の平等」と関連する事例―「法の下の平等」の現代的課題―

ここから、第14条の「法の下の平等」に違反するのではないかとして実際に裁判で争われた事例や、第14条に関連する現在の課題についてみていきましょう。

① 尊属殺重罰規定判決

*3 尊属殺重罰規定判決
最大判昭和48年4月4日。

第14条に関連した判例は数多くありますが、そのなかでもこの判例*3は特に重要です。

昔の刑法には、第200条に尊属殺人の規定が置かれていました。これは、尊属（父母や祖父母など、自分より上の世代の親族のこと）を殺した場合には、普通の殺人罪よりも刑罰を重くすることを定めた規定です。この判例で

は、尊属殺人に対して普通の殺人よりも重い刑罰を科すという異なる取り扱いが第14条に違反しないか、つまり「社会的身分」による不合理な差別にならないかが問題となりました。

ある日、自分の実の父親を殺したと自首してきた女性がいました。この女性は、10年以上にわたって実の父親と夫婦同然の生活を強いられてきましたが、職場で結婚の機会に恵まれました。しかし、実の父親がその結婚に反対し、その女性を脅迫・虐待しました。そのような状況のなかで、女性は父親を絞殺し、自首したのです。

この裁判のなかで、すでに述べたように、刑法第200条が第14条に違反するのではないかという点が問題となりました。最高裁は、この問題について、尊属を尊重するべきだという倫理を守るため、尊属殺人に対して普通の殺人よりも重い刑罰を科すこと自体は合憲としたものの、尊属殺人に対して極端に重い刑罰を科すことについては、正当な理由のない不合理な差別となり、第14条に違反するという考えを示しました。その上で、これら2つの殺人罪に課せられている刑罰の重さを比較し、普通の殺人罪では執行猶予がつく可能性があるのに対し、最も重い刑罰でも懲役3年6か月にしかならず、執行猶予をつけられない尊属殺人罪への刑罰は、普通の殺人罪に対する刑罰よりも極端に重いものとなっており、正当な理由のない「著しく不合理な差別的取扱い」であるとして、刑法第200条を違憲であると判断しました。その後この刑法第200条は、1995（平成7）年の刑法改正において削除されました。

② 国籍・親子関係・ジェンダーに関する事例

▼国籍法違憲判決

日本の国籍についての詳細な決まりを定めている法律が、国籍法です。国籍法では、親の国籍を子が受け継ぐという（父母両系）血統主義が原則として定められています。そのため、両親が婚姻関係にあり、かつ両親のうち、どちらか一方が日本国籍をもっている場合、子は、日本国籍を生まれながらに取得します。しかし、父親が日本人・母親が外国人で、両親が婚姻関係になく、生まれた後に父親から認知された子は、生物学的には日本人の血をひいてはいても、日本国籍を取得できませんでした。そのため、1984（昭和59）年に国籍法が改正され、国籍法第3条に準正制度を設けました。これにより、日本人の父親によって生後認知を受け、かつ、子の出生後に両親が結婚をすれば、その子は準正子として日本の国籍を取得できるようになったのです。

しかし、2008（平成20）年の国籍法違憲判決では、この国籍法第3条が準正子に対して日本国籍の取得を認める一方で、日本人の父親から認知されただけではその子どもに日本国籍の取得を認めないことが、第14条に違反するとして問題となりました。

　最高裁は、国籍について国家の「構成員としての資格」であると同時に、権利保障や社会保障を受ける上で「重要な法的地位」であると説明しました。そして、その国籍の取得については血統主義を原則に、日本と「密接な結び付き」をもつと認められる者に対しても準正制度により、日本国籍取得の道を開いてきました。この「密接な結び付き」の有無を区別する指標が「両親の結婚」というわけです。最高裁は、この「密接な結び付き」の指標として「両親の結婚」を要件とすることは、準正制度を設けた当時は合理的であったかもしれないが、現在の社会一般の家族観の実態に基づく社会通念の変化や社会のグローバル化、外国の法制度の変化などに照らすと、それはすでに合理性がなく、何より、両親の結婚という子どもにとってはどうすることもできない事柄を「密接な結びつき」を示す指標とすることは、不合理な差別を生じさせていると判断し、国籍法第3条の一部分を違憲としました[*4]。この判決を受け、出生後に日本人に認知されていれば、父母が結婚していない場合でも届け出によって日本国籍を取得できるよう、国籍法が改正されました。

*4　最大判平成20年6月4日。

▼非嫡出子相続分規定判決

　民法第900条4号但書には、相続財産について非嫡出子の財産相続分を、嫡出子の2分の1とすることが定められていました。現在の民法は明治時代に制定され、改正を重ねて現在まで続いています。そのため、今の私たちの考え方と異なる条文があります。民法第900条4号但書も、そのような条文の一つだといえます。この規定は、元来、法律婚の尊重と非嫡出子の保護との調整を図った上で定められた規定でした。

　これまで民法第900条4号但書は合憲だと裁判所は判断してきましたが、2013（平成25）年9月4日、最高裁大法廷は、民法第900条4号但書が違憲であるとの決定を下しました。最高裁は、結婚や家族の在り方の多様化にともなう人々の意識の変化、外国や国内における立法・法改正の動向、日本が批准している国際人権B規約、児童の権利条約などを重視し、「父母が婚姻関係になかったという、子にとっては自ら選択ないし修正する余地のない事柄を理由としてその子に不利益を及ぼすこと」は許されないとして、このような決定を下したのです。

第5章 法の下の平等

▼女子再婚禁止期間規定判決

離婚後6か月間、女性だけは再婚を禁止されるという規定が、昔の民法第733条に設けられていました。この規定によって再婚が遅れた女性が精神的損害を被ったと主張し、立法不作為を理由とする国家賠償を請求したのです。この裁判では、男性が離婚後すぐに再婚できる一方で、女性だけが法律で6か月間再婚を禁止されることは、女性に対する差別だと主張されました。

この民法第733条は、民法第772条2項の嫡出推定の規定と関連しています。民法第772条2項は、婚姻が成立した日から200日を経過した後、または離婚した日から300日以内に生まれた子は、「婚姻中に懐胎したものと推定する」と定めています。つまり、離婚または再婚した時点で妊娠していた女性が離婚後すぐに再婚し、子どもが再婚から200日以降、離婚から300日以内に生まれた場合、100日間の重複期間ができ、生まれてくる子の父親が2人いることになってしまうのです。このような父親の重複を避けるため、離婚した女性が妊娠していないことがはっきりするまでの6か月間、女性だけが再婚を禁止されてきました。

この民法第733条について、最高裁は、生まれてきた子の父親の重複を避け、父子関係をめぐる紛争を起こさないようにすることが、この規定を設けた理由だと説明し、再婚禁止期間の規定の意義を示しました。一方、100日を超える部分については「合理性を欠いた過剰な制約」になっているため、違憲であると判断しました[*5]。つまり、6か月もの間再婚を禁止することは、憲法違反だと判断されたのです。この判決を受け、2016(平成28)年、再婚禁止期間を100日に短縮する民法改正が行われました。また、離婚後100日を経過していない場合であっても、離婚の時点で女性が妊娠していないという医師の証明書があれば再婚を認めるルールが追加されました。

*5 最大判平成27年12月16日。

▼夫婦同姓規定判決

民法第750条は、結婚に際して「夫又は妻の氏」のどちらかに合わせる「夫婦同姓」を規定しています。この規定が女性差別であり、第14条に違反するとして、事実婚の夫婦が国に損害賠償を求めました。

民法第750条は、夫または妻の姓を名乗ればよいと規定しているので、一見すると男女平等にみえます。しかし、結婚している夫婦のうち、96%以上が夫の姓を名乗っているというのが現実です。この裁判を起こした原告は、この点で性差別が生じていると主張したのです。

しかし最高裁は、この訴えを認めず、民法第750条は合憲であると判断しました[*6]。最高裁は、まず「社会の構成要素である家族の呼称」として、家族が同じ姓を名乗ることには意義があるという見解を示しました。その上

*6 最大判平成27年12月16日。

で、「結婚の際に氏の変更を強制されない自由」は憲法で保障された一般的人格権にはあたらず、また、民法第750条が、「夫婦がいずれの氏を称するかを夫婦となろうとする者の間の協議に委ねている」規定であることから、女性差別には該当しないとして、第14条に違反するとはしませんでした。結果として最高裁は、民法第750条について「女性が不利益を受ける場合が多いものの、家族の呼称として社会に定着してきた夫婦同姓には合理性がある」として合憲と判断しました。

この判決は、最高裁大法廷が出しています。つまり、最高裁の裁判官全15名がこの裁判に参加していることになります。この15名中、女性裁判官全員（3名）を含む5名の裁判官は、民法第750条を違憲だという見解を示しています。このことから、最高裁の裁判官のなかでも、この民法第750条の合憲性について意見が分かれたことがわかります。

③ 政治参加・経済活動・福祉に関連する問題

▼選挙権

個人の政治参加の形の一つが「選挙権」です。日本国憲法では、国政選挙について憲法第15条と第44条で、地方選挙について第93条に規定を設けています。この選挙権は、すべての国民に平等に保障されることから、第14条とも密接に関連しているといえます。

日本では、1925（大正14）年に男子普通選挙が実現されました。これにより、それまでの財産による制限がなくなり＊7、25歳以上の男性に選挙権が付与されました。一方、女性に選挙権が付与されるのは、戦後のことです。

＊7 それまでは、国税15円以上を納めていなければ選挙権が認められませんでした。

▼一票の格差

現在、憲法第14条と関連する選挙権の問題として、いわゆる「一票の格差」問題があげられます。これは、国政選挙の選挙区ごとで、有権者1人あたりの一票の価値が不平等になっているという問題です。この問題について、議員定数違憲訴訟などと呼ばれる、多くの裁判が起こされています。例えば、2017（平成29）年10月の衆議院選挙で最大1.98倍の「一票の格差」が生じたのは憲法違反であると主張する弁護士たちが全国14の裁判所に選挙無効を求めて、16件の訴訟を起こしました。これらの訴えに対し、「違憲状態」という結論を出した名古屋高裁を除き、13件の訴訟では、「合憲」という結論が出されています。今後の最高裁の判断が待たれます。

▼外国人の参政権

また、外国人の参政権の問題も日本が将来、何らかの結論を出さなければ

ならない問題です。現在、日本国内で選挙権を行使することができるのは、日本国民、つまり日本国籍をもつ人のみです。つまり、日本に長期間にわたり滞在・定住している外国人（永住者・特別永住者など）は、日本の国政・地方選挙いずれにも投票する資格をもたないのです。

この問題は、以前から議論されてきました。オーソドックスな考え方は、「国民主権」原理の下、外国人には国政選挙に参加する権利は認められないが、地方選挙については、①要請説（憲法は外国人へ地方参政権を与えることを要請している）、②禁止説（憲法は外国人への地方参政権付与をそもそも禁止している）、③許容説（外国人へ地方参政権を付与する法律を制定しても、逆に制定しなくとも、どちらも憲法違反ではない）という3つの学説に分かれているというものです。

判例では、特別永住者（いわゆる在日韓国人）が起こし、1995（平成7）年に最高裁が判決を下した地方参政権訴訟[*8]が有名です。この判決のなかで、最高裁は、憲法第93条には「地方公共団体の住民」に地方選挙権があると規定しているが、そこでいう「住民」とは、国民主権原理や憲法第15条（国政選挙の選挙権）との関連を考えると、「地方公共団体の区域内に住所を有する日本国民」を意味するとして、外国人の地方参政権を認めませんでした。しかし、同時に、永住者のように「その居住する区域の地方公共団体と特別に緊密な関係」をもつような外国人を対象として地方参政権を付与する法律を制定した場合でも違憲ではなく、また、そのような法律を制定しない場合でも違憲とならないという許容説の見解も判決のなかで示しています。

[*8] 最判平成7年2月28日。

▼累進課税

累進課税とは、高額所得者に対し、より高い税率が科されるという課税方式のことです。日本では、超過累進課税という方式が採用されており、一定の金額ごとに異なる税率が定められています。例えば、Aさんに5,000万円、Bさんに300万円の収入があったと考えてください。AさんとBさんの2人から、一律で200万円の税金を徴収したら、どうでしょうか。第1節で学んだ形式的平等という観点からみると、平等ですが、やはり個人の感覚としては、不平等だと感じるのではないでしょうか。そこで、実質的平等の観点から、個人の収入の違いを考慮に入れた上、各人から徴税する方が合理的であるということになります。このような理由で、日本を含む多くの国で徴税について累進課税制度が採用されているのです。

▼社会保障の受給

社会保障についても、実質的平等の観点からいくつかの問題があります。つまり、社会保障の土台となる社会権は、福祉国家の理念に基づく実質的平

等を実現する規定となっていますが、その規定に基づいて設けられた制度運用のなかで、不平等が生じてはいないかが問題となるのです。具体的には手当や年金などの保障のあり方が問題となります。具体的な判例として、第9章「不安なく生きる権利」で取り上げられている堀木訴訟をあげることができます。その他にも学生無年金訴訟[*9]や労災障害等級訴訟[*10]などがあげられます。

なお、近年では、一定の要件を満たした外国人を対象に、立法政策上社会権を保障する傾向にあります。実際、生存権に関する社会保障政策では、国際人権規約や難民条約への加盟を契機に、国民年金、福祉年金、児童扶養手当の受給資格から国籍要件が外されました。また、生活保護法は国民を対象としていますが、実務上、永住者などの長期滞在者や生活に困窮する外国人にも、一般の国民に準じて生活保護を適用しています。被用者保険（健康保険・雇用保険など）の受給資格には国籍要件がそもそもありませんから、かなり広範囲にわたり、納税義務を果たしている一定の外国人に生存権が保障されているといえます。しかし、その外国人が不法残留者などである場合には、生活保護法の適用を受けません。

④ その他の問題

▼性的マイノリティの権利

近年では、東京都渋谷区が制定したいわゆるパートナーシップ条例などにより、LGBTなど性的マイノリティの権利が注目を浴びることになりました。性的マイノリティをとりまく問題として、①現在の日本の婚姻制度や、②従来から日本の社会に存在してきたステレオタイプ（固定概念）があります。

日本の婚姻は、憲法第24条に定められているように「両性の合意」によって成立します。この「両性」が異性間を意味するのか否かという点は、憲法問題ともなりえます。②について、これまで性的マイノリティは雇用や住宅契約など様々な場面で差別を受けてきました。そのような差別を是正する目的で、上記のパートナーシップ条例はつくられていますが、まだ克服すべき課題を抱えています。加えて、周囲の人間によって行われる差別も克服していかなければならない問題です。ある大学院の学生が、LGBTであることを友人によってLINEで公表され、自殺するという痛ましい事件[*11]がありました。性的マイノリティに対する差別は、法律の制定や制度の設置だけではなく、人々の意識が是正されてはじめて根本的な解決へつながるのです。

[*9] 最判平成19年9月28日。
国民年金制度は、1989（平成元）年まで、学生を対象に20歳になっても任意加入でした。そのため、学生が任意加入の手続きをしないまま事故や病気で障害を負った場合、障害基礎年金を受給できなくなってしまいます。この制度の欠陥が第14条に違反するとして裁判で争われました。一審判決では、この制度の欠陥が法の下の平等に反すると判断しましたが、二審判決と最高裁は、この訴えを認めませんでした。

[*10] 京都地判平成22年5月27日。
金属を溶かす業務中に顔に大やけどを負い、労災補償の認定を受けていた男性が、「外貌醜状」について女性より男性が低い障害等級に認定されていた当時の労働者災害補償保険法を憲法第14条に違反するとして訴えを起こした事件です。判決は、この規定について第14条違反だと判断しました。

[*11] 日本経済新聞2016年8月5日付「同性愛暴露され院生転落死」親が一橋大提訴

▼アファーマティブアクション（積極的差別是正措置）・逆差別

　積極的差別是正措置は、もともと歴史的に形成された人種差別や性差別などの解消を目的として欧米で理論化され、最近では国連や欧州連合などの指針の下、世界各国で活用されています。アメリカでは、差別されてきた人種的マイノリティを対象として優先的に州立大学への入学を許可する措置を講ずるなどの積極的差別是正措置が採用されました。

　積極的差別是正措置について気をつけなければならない点は、憲法第14条が積極的差別是正措置を求める権利まで保証しているわけではなく、社会経済的条件などによって特定の人の権利が著しく制約されている場合など、根拠や目的・手段が合理的な範囲に限り、このような措置を認めているということです。

　積極的差別是正措置は、そのやり方によっては、逆差別を生み出す危険性があります。つまり、差別を撤廃・是正しようとする過程において、それまで差別されてきた集団を優遇することにより、従来優遇されてきた集団が不利益を被るという事態が発生する可能性があります。このような逆差別の危険性が発生しうるものとして、選挙における強制的なクオータ制（割当制）、特にあらかじめ一定割合の議席を女性に留保する議席割当制の合憲性が問題となります。現在の日本はクオータ制を採用していませんが、もし将来導入することがあれば憲法違反とならないような制度設計にする必要があります。

確認テスト

① 憲法第14条「法の下の平等」の「平等」には、機会の平等とも呼ばれる_____と、結果の平等と呼ばれる_____という2つの意味が含まれている。

② 憲法第14条は、法適用の平等だけではなく、法内容の平等も求めている。つまり、法律を制定する立法権は、この平等原則に従わなければならない。これを_____という。

③ 世の中に存在するすべての異なる取り扱いが、憲法第14条に違反する「差別」となるわけではない。異なる取り扱いが「差別」なのか「区別」なのかを分ける基準は、異なる取り扱いをすることに_____があるかないかを基準として決定される。

④ 憲法第14条に関連する多くの判例のなかでも、昔の刑法第200条が争点となった1973（昭和48）年の_____は特に重要である。
（解答は188ページ、またはQRコードを読み取り）

考えてみよう

① あなたは、いままで「平等」についてどのように理解してきましたか？また、この章で学んで、「平等」についてどのように考えるようになりましたか？

② 憲法第14条「法の下の平等」と関連する、具体的な社会問題をあげてみましょう。どのような問題がありますか？

③ 「法の下の平等」と関連する具体的な社会問題を解決するためには、どうすればよいでしょうか？

【引用文献・ホームページ】

1）イクメンプロジェクト「プロジェクトを知る」
　　https://ikumen-project.mhlw.go.jp/project/about/ （2018年3月14日閲覧）
2）イクメンプロジェクト「育児休業を取る」
　　https://ikumen-project.mhlw.go.jp/employee/concept/ （2018年3月14日閲覧）
3）加藤一彦『教職教養憲法15話　改訂三版』北樹出版　2016年　p.43-44

【参考文献】

志田陽子編『合格水準　教職のための憲法』法律文化社　2017年
芦部信喜『憲法　第6版』岩波書店　2017年
辻村みよ子『憲法　第4版』日本評論社　2013年
加藤一彦ほか編『現代憲法入門講義　新5版』北樹出版　2017年

第6章　自由に考え、信仰する自由（思想・良心の自由、信教の自由）

はやと先生　この授業では、日本国憲法の第19条「思想・良心の自由」と第20条「信教の自由」について学んでいきます。

みらいさん　「思想・良心」と「信教」と分けていますが、何が違うのでしょう？

はやと先生　確かにそうだね。人がどのようなことを考え、何を信じ、どんな宗教を信仰するのかは、個人の心のなかにあることだからね。両者はほぼ同じと考えていいかもしれませんが、別々にしている理由は日本国憲法が成立する前の歴史にあります。何か思い当たることはあるかな？

みらいさん　江戸時代にキリスト教を禁止して、隠れキリシタンを探し出すために絵踏をしたとか。あと、太平洋戦争当時に政府に批判的なことをいうと逮捕されたとか。

はやと先生　みらいさんは、歴史をよく勉強してきたみたいだね。特に戦時下の日本では、国に批判的な言論や思想は厳しく取り締まられたこともあり、また、天皇を神と崇拝する教育も行われていたんだ。そして、誰も無謀な戦争を止められなくなって敗戦という結果を招いた。その反省の意味もあって、日本国憲法は（連合国軍の意向もあって）非常に民主主義で平和的な憲法が生まれたんだよ。

みらいさん　そうだったんですね。最近でもニュースを見ていると市民が弾圧されたり、特定の宗教が支配している国も目につきます。日本はかなり自由という部分で恵まれているんですか？

はやと先生　世界にはイスラム教の教えに基づいた国、キリスト教、仏教など、宗教が深く根付いている国がたくさんあって、戒律に忠実な暮らしをしている国民が多数という国もあります。また、政府に批判的な言論や行動に対して弾圧する国もあります。そういうなかで戦後の日本は、宗教でも言論でも寛容で開かれた国のひとつといえるでしょう。ところで、みらいさんは宗教を信仰していますか？

みらいさん　自分自身は特定の宗教を信じているということはありませんけど、家には仏壇があったり、お正月には神社に初詣もいきます。クリスマスやハロウィンパーティーもするかなぁ……。将来結婚するなら式は断然教会がイイ！

はやと先生　あはは。日本国憲法は基本的には、どのような宗教を信仰しようとも自由であるとしていますからいいですけど……。宗教行事をイベントとしてするのと、信仰心は別と考えた方がいいかもしれませんね。

1 思想・良心の自由

① 思想・良心の意味

▼第19条と第20条を区別して規定する意義

　日本国憲法では、思想・良心の自由（第19条）と信教の自由（第20条）が区別されていますが、諸外国の憲法においてこのように区分がなされることは珍しいことです。例えば、フランスの憲法で良心の自由といえば、もともと信教の自由を意味するものであったことから、現在のフランスの憲法の条文においても、良心の自由のみが保障されており、ここに信教の自由が含まれているのです。

　では、なぜ日本国憲法では、思想・良心の自由と信教の自由とを区別して規定しているのでしょうか。それは戦前の大日本帝国憲法の下で政府の方針に反する思想が弾圧され、そのことによって、国民が統制的な思想の弾圧を受けた結果、軍国主義的な政府の方針の暴走を止められなかったという深い反省に基づくものです。そこで、日本国憲法では、思想・良心の自由を徹底して保障するべく、信教の自由とは区別して保障することにしたわけです。

▼思想・良心の意味

　ところで、この条文でいう「思想」や「良心」とはどういった意味をもつ言葉でしょうか。憲法学の学説では、世界観や人生観など、その人が生きていく上で必要で不可欠な人格の核心などといったように定義する学説が有力です。つまり、私たちが生きていく上で基盤となる価値観や世界観といったように言葉を置き換えてもよいでしょう。この学説は「信条説」と呼ばれています。

　私たちの内面には様々な思いがありますが、この学説では、その内面を「思想」や「良心」と呼べるものとそうではないものに区分し、前者について憲法で保障されると考えるのです（図6-1）。「思想」と「良心」をそれぞれ別の意味をもつ言葉として考えることもできますが、学説の多くはその区別は必要ないと考えていますので、ここではその区別をせず考えてみましょう。

　思想や良心とは、私たちが生きていく上で譲ることのできない根源的な価値観ということができ、具体的には、政治的な考え方や歴史に対する考え方（歴史観）などをめぐって問題となってきました。これまでの裁判での論点は、どこまでがこの思想や良心の自由として保障されるのかという点です。この条文をめぐっては次のような事件[1]で具体的に問題となりました。

[1]　謝罪広告事件　最大判昭和31年7月4日。

第6章 自由に考え、信仰する自由（思想・良心の自由、信教の自由）

図6－1 信条説と内心説

信条説
（人格の核心に関わる
思想・良心だけが保障
されると考える説）

内心説
（人格の核心に関わるか否かを問わず、
広く保障が及ぶと考える説）

　衆議院議員総選挙に立候補したAは、選挙運動期間中にラジオや新聞を通じて対立候補であるBが県の副知事在職中に汚職をしていたという事実を公表しました。Bはこのことで名誉を毀損されたとしAを訴えましたが、一審、二審ともにBに汚職の事実はないと判断、Aの行為がBの名誉を毀損したと認め、Aに対し新聞に謝罪広告を掲載するよう命じたのです。これに対してAは謝罪広告を強制することは、憲法第19条の保障する思想・良心の自由を侵害するとして最高裁に上告しました。最高裁は、謝罪広告のなかには、それを強制すれば良心の自由を不当に制限することになる場合がありうることを述べた上で、この事件に関しては「単に事態の真相を告白し陳謝の意を表するに止まる程度」であり、謝罪広告を命じたとしても思想・良心の自由を侵害したことにはならないと判断しました。しかし、この判決では、謝罪という倫理的な意思の表明を強制することは、良心の自由を侵害し、第19条に違反するという反対意見も付されました。
　人はそれぞれ様々な価値観をもつ以上、多くの人にとっては生きていく上で人格の核心に関わる世界観や人生観とまではいえなくとも、ある人にとっては人格の核心をなす世界観や人生観といえるということもありうるでしょう。このように人格の核心に関わるか否かを区別せず、第19条はより広く内

面の自由を保障しているものと考えるべきだとする学説も有力です(内心説)。

❷ 思想・良心の保障の内容

　憲法第19条の思想・良心の自由をめぐっては、先の謝罪広告事件を含め、これまでの裁判で争われてきた論点などから、次のように分類して考えることができるでしょう。

▼個人が思想・良心をもつ自由

　先に述べた通り、これは、戦前の思想統制のように、国家によって、特定の思想・良心が強制されるようなことがあってはならないということを意味するものです。例えば、学校教育の場面では、道徳や社会科の授業などにおいて、特定の思想や歴史観、価値観が強制されるようなことがあってはならないということも意味します。保育者や教師は子どもによいことと悪いことの区別ができるよう指導・教育する役割を担うことから、そうした職業を志す皆さんはこの条文の意味をしっかりと理解しておくことが重要でしょう。遊具で遊ぶ順番を守らない子どもや、公共的な施設に落書きをする子どもに注意し、それがしてはいけないことなのだと子どもに認識させることは保育者や教員の重要な仕事です。そうした指導・教育によって、子どもたちは規範意識を獲得していくことになるでしょう。

　その一方で、この絵を描きたくない、あるいは、このルールに納得できないという子どもがいた場合はどうでしょうか。そうした場合の多くは、憲法の規定する思想・良心の自由の問題に関わる人格形成の核心に関わるような問題とまではいえないかもしれませんが、子ども一人ひとりにも当然に思想・良心の自由が保障されていることを踏まえ、まずはその子の意思を保育者や教員はていねいに把握し、子どもの人格を尊重し、傾聴する立場に立つことが必要な心構えだといえるのではないでしょうか。

▼沈黙の自由

　日本国憲法で保障された思想・良心の自由は、その人の内面にとどまる限りでは絶対的に保障されるものであり、それは、自由や平等、民主主義などの日本国憲法の基本的な理念を否定する思想であったとしても、それをもつ自由が保障されています。この点は、自由で民主的な思想を否定する思想を認めないドイツ憲法（正式にはドイツ連邦共和国基本法）が採用している考え方とは大きく異なる日本国憲法の特徴でもあります。

　思想・良心の自由は、その人の内面に関わる限りでは絶対的に保障されますが、具体的に問題となるのは、先にみたように、謝罪広告を命じられたり

第6章 自由に考え、信仰する自由(思想・良心の自由、信教の自由)

してその思想・良心が行為として外部に現れた場合です。そこで、その思想・良心の告白を強制するようなことがあってはならないと考えられています。これを「沈黙の自由」と呼び、憲法第19条で保障される内容の一部です。つまり、その人がどのような思想・良心をもっているのかについて、国が個人の思想を調査したり、内心の告白を強制したりすることは第19条に違反するため許されません。

江戸時代にはキリスト教徒を弾圧するために絵踏などが行われたことを皆さんも知っていると思いますが、これは、絵を踏むという外形的な行為を強制することによって、個人の信仰の告白を強制するものに他なりません。このように行為を強制したり、あるいは、受験の際の質問や面接などの場面において思想・良心の告白を強制したりするようなことは第19条の

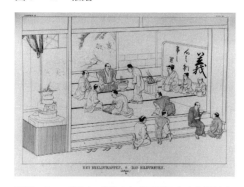

図6-2　絵踏

資料：シーボルト『日本』(国際日本文化研究センター所蔵)

精神から許されない場合があるということになります。具体的には、読んでいる新聞や尊敬する人物、特定の政治的な事件に対する考えなどを聞くことによってその人の思想的傾向などが判断されうる場合があり、保育者や教員をめざす人は、こうした内面に関わる質問をして答えを強制するようなことがないよう配慮することも必要な心構えです。

▼思想・良心に基づく不利益な取り扱いの禁止

その上で、ある思想・良心を有することを理由としてその人に対して不利益な取り扱いを行うことも禁じられます。過去には、学生運動の参加歴に関する質問とその回答をめぐって裁判で争われたことがあります。これは、ある企業の採用試験の際に提出した身上書と呼ばれる履歴書に学生運動に参加した経歴を申告せず、その後、その人には学生運動に参加した経歴が判明したことやその経歴を申告しなかったこと等を理由として、試用期間を経た後に本採用が拒否されたという事件です。学生運動歴を理由とした不利益を被ったものとして第19条に反するか否かが裁判で争われました。

最高裁は、学生運動歴を申告することは、直接は思想・良心の開示を求めるものではなくとも、「人の思想、信条とその者の外部的行動との間には密接な関係があり」、思想・良心に関連する活動などの行為の申告を求めることも第19条に違反するケースがありうるとの判断を示しています[*2]。

*2 三菱樹脂事件
最大判昭和48年12月12日。

▼思想・良心の自由の限界

　では、思想・良心の自由がその人の行為として現れた場合、その行為はどこまで制することが許されるのでしょうか。この点について近年特に問題となっているのが君が代の伴奏や斉唱に関連する問題です。

　学校における国旗「日の丸」の掲揚と国歌「君が代」の斉唱は、1989（平成元）年の学習指導要領の改訂の際にその指導が明記され、1999（平成11）年には国旗及び国歌に関する法律（国旗国歌法）が制定されることとなりました。この法律は、国旗は「日の丸」であり、国歌は「君が代」であることを定めている全2条の法律であり、別記（図6－3）として日の丸の縦横比や色、君が代の歌詞などが規定されている法律です。もっとも、この法律が制定された背景には、君が代の斉唱や日の丸の掲揚を拒否する教師とそれを認めない教育委員会との間で苦悩した広島県の公立高校の校長が自殺するという事件もありました。

　戦後の日本では、学校教育の現場で「日の丸」や「君が代」を戦前の軍国主義の象徴として否定的に捉える教師や保護者と文部省（現在の文部科学省）を中心とする教育行政との衝突がそれまでにも幾度となく問題となり、この法律を制定することによって、「君が代」が国歌として、また「日章旗」が国旗として正式に法律上規定されたわけです。

　その一方で、式典等において、公務員である公立学校の教師が、君が代の伴奏を拒否したり、斉唱にあたって起立を拒否したりすることが認められるのか、つまり、職務上、どこまで教員の思想・良心の自由が尊重されるのかは引き続き問題であり続けました。過去に裁判で争われた事件としては、公立小学校の入学式での国歌斉唱の際、君が代の伴奏を行うよう校長から指示されていた音楽担当の教諭がその伴奏を拒否したことによって戒告という処分が下され、その処分が有効か否かをめぐって争われたことがあります。この裁判は「君が代伴奏訴訟」[3]などと呼ばれ、憲法第19条をめぐって近年争われてきた著名な裁判の一つです。最高裁は、音楽の教諭が君が代を伴奏することは職務上想定されうる内容であり、君が代の伴奏を命じられたとしてもその音楽教諭の歴史観ないし世界観を侵すものとはいえないとして、戒告処分を有効とする判断を示しました。

　君が代をめぐっては、伴奏だけでなく、学校の式典において君が代斉唱の際に起立しなかった教師への処分が有効か否かという点についても裁判で争われてきましたが、最高裁は、このケースにおいても教師への懲戒処分は有効であるとの判断を示しています[4]。

　幼稚園を含む学校や保育施設においても、入園式や卒園式など、日の丸の

[3] 最判平成19年2月27日。

[4] 君が代起立斉唱拒否事件　最判平成23年5月30日。

第6章　自由に考え、信仰する自由（思想・良心の自由、信教の自由）

図6-3　国旗国歌法の別記部分

別記第1（第1条関係）

日章旗の制式

1. 寸法の割合及び日章の位置
    縦　横の三分の二
   日章
    直径　縦の五分の三
    中心　旗の中心
2. 彩色
   地　白色
   日章　紅色

別記第2（第2条関係）

君が代の歌詞及び楽曲

1. 歌詞
    君が代は
    千代に八千代に
    さざれ石の
    いわおとなりて
    こけのむすまで

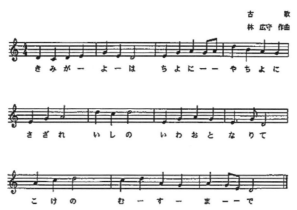

出典：内閣府『「国旗・国家」について』
　　　http:www8.cao.go.jp/chosei/kokkikokka/kokkikokka.html
　　（2018年6月7日閲覧）

掲揚や君が代の斉唱が行われる場面に数多く遭遇します。その際、子どもや保護者が自らの思想・良心の自由を主張して斉唱や起立を行わないケースとは別に、保育者や教員がどこまで伴奏や斉唱を拒むことが許されるのかという問題は、思想・良心の自由が外形的な行為としてどこまで尊重されるのかという問題に他ならず、その職務の使命と関連して考えていく必要があるでしょう。

83

2 信教の自由

① 信教の自由の意味

憲法第20条では信教の自由が保障されています。信教という言葉をはじめて耳にする人もいるかも知れませんが、「信教の自由」とは宗教を信じる自由といったように解釈して構いません。その上で、宗教とは何か、それをどのように定義することができるでしょうか。

少し難しい言い回しにはなりますが、過去の判例[*5]では、宗教は「『超自然的、超人間的本質（すなわち絶対者、造物主、至高の存在等、なかんずく神、仏、霊等）の存在を確信し、畏敬崇拝する心情と行為』をいい、個人的宗教たると、集団的宗教たると、はたまた発生的に自然的宗教たると、創唱的宗教たるとを問わず、すべてこれを包含するもの」と定義されています。

世界各国の憲法の歴史をみてみると、アメリカやフランスなどの欧米諸国においては、あらゆる精神的自由に関する権利の確立をめぐる長い争いのなかで、信教の自由はその中心となる権利として争われてきました。信教の自由はアメリカでは1791年に成立したアメリカ合衆国憲法修正第1条で、フランスにおいても、1789年のフランス人権宣言第10条で保障されており、いずれも18世紀後半にすでに権利の保障が明記されていたことがわかります。大日本帝国憲法でも第28条のなかにおいて「安寧秩序ヲ妨ケス及臣民タルノ義務ニ背カサル限ニ於テ」という制限の下で、信教の自由が保障されました。しかし、これは、神社神道は宗教ではないという前提の下、神社神道に特権的な地位が与えられ、神社の参拝が教育として学校教育に規定されるなどの、今日からみれば、制約をともなう信教の自由の保障でした。そこで、日本国憲法では、アメリカやフランスと同様に、第20条1項前段および2項で国民に信教の自由を保障するとともに、1項後段および3項で政教分離（政治と宗教の分離）の原則を定めることで、国民に、より厳格な信教の自由を保障しています。

② 信教の自由の保障の内容

信教の自由の保障の内容は以下のように区分して考えることができます。
▼内心において信仰する自由
信教の自由が保障する内容として、内心における信仰する自由をあげるこ

[*5] 津地鎮祭事件高裁判決
名古屋高判昭和46年5月14日。

とができます。宗教を信仰するか否か、宗教を信仰していることを告白するかしないか、という点について国民は自由に判断することができるのです。これは先にみた思想・良心の自由が宗教に関わる側面として現れているものであると考えられます。したがって、思想・良心の自由と同様に、国家が国民にある宗教の信仰を告白するよう強制したり、あるいは、宗教を信仰していることによって不利益を与えるようなことは許されないことを同時に保障しています。また、思想・良心の自由と同様に、宗教の信仰が内心にとどまる限りにおいては絶対的に保障されていますが、後に述べるように、それが行為として外部に現れた場合には、他者の権利との調整等との観点から制約を受けることがあります。

▼**宗教的行為と結社の自由**

では、信教の自由が行為として現れる場合を具体的に考えてみましょう。まず、礼拝をしたり、祈祷をしたりといった宗教上の行為や祝典、儀式、行事などを行ったり、それに参加したり（しなかったり）するという自由が考えられます。また、宗教を宣伝する自由も含まれますが、これらは自分の信仰を他者の権利と衝突しない限りにおいて、憲法第20条が保障する宗教的行為の自由として保障されるものといえます。これに加えて、共通の信仰を有する者が宗教団体を設立したり、その活動をしたり、特定の宗教団体に加入するか否かといった宗教的結社の自由も保障されています。

③ 信教の自由の限界

信教の自由も、思想・良心の自由と同様に、内心にとどまる限りにおいては絶対的に保障されるものですが、それが行為として外部に現れた場合には、他者との権利との調整を図る観点等から、その保障が制約されることがありえます。過去の裁判においては、病気の治療の目的で線香による加持祈祷を行い、線香の熱さに苦しむ被害者を殴打するなどして死亡させた事件があり、この加害者が信教の自由を主張しうるかが争われた事件が著名です。

この事件で最高裁は、加害行為が仮に宗教的行為として行われた場合であっても、「他人の生命、身体等に危害を及ぼす違法な有形力の行使に当るものであり、これにより被害者を死に致したもの」であって、憲法が保障する信教の自由の保障を逸脱したものであるとし、加害者を有罪と判断しました[*6]。

その一方で、宗教的観点から、犯人を匿（かくま）ったことが刑法上の犯罪になるか否かが争われた事件において、信仰の観点から犯人を匿った牧師を無罪とし

＊6 加持祈祷事件
最大判昭和38年5月15日。

た判例*7もあります。この判決では、教会の牧師が建造物侵入等の事件の犯人として警察から追及されている高校生を教会内に宿泊させたことが犯人蔵匿（ぞうとく）の罪に問われたことに対して、裁判所は、それが「少年の魂への配慮に出た行為」である限り、違法とはみなされない「正当な業務行為」と該当するとし、この牧師に無罪とする判断を下しています。

*7 牧会活動事件
神戸簡判昭和50年2月20日。

④ 政教分離原則

▼政教分離の意義

アメリカやフランスと同様に日本国憲法では、政教分離原則が規定されています。政教分離とは政治と宗教の分離を意味するもので、国はあらゆる宗教に対し、特定の宗教を優遇したり、差別したりしない原則を憲法において明記しています。学説では、この政教分離の原則は、政教分離という制度を設けることによって、その制度の核心にある国民の信教の自由という権利を間接的に保障しようとする制度的保障であると考えられています。

▼目的効果基準

政教分離をめぐっては、これまでいくつもの裁判が争われてきましたが、ある事柄が政教分離に該当するかどうかは「目的効果基準」という判断基準によって判断されてきた点が重要です。目的効果基準とは、①国の行為の目的が宗教的ではなく世俗的なものといえ、かつ、②国の行為が宗教を援助・助長したり、又は、抑圧したりするものではないことを基準とし、2つの条件を満たした場合に限り、政教分離に違反しないとする判断基準のことです。

過去に裁判で争われた事件としては、三重県の津市が体育館を建設するにあたって地鎮祭を行い、その謝礼を公金から支出したことが政教分離違反にあたるのではないかが争われた事件*8において、最高裁は、「宗教的活動」とは「そのかかわり合いが〔各々の国の社会的・文化的諸条件に照らし〕相当とされる限度を超えるものに限られるというべきであって、当該行為の目的が宗教的意義をもち、その効果が宗教に対する援助、助長、促進又は圧迫、干渉等になるような行為をいうものと解すべきである」として目的効果基準に基づき判断すべき立場を示した上で、この地鎮祭の目的が一般人および主催者の意識において世俗的なもので、その効果は、神道を助長、促進または他の宗教に圧迫、干渉を加えるものとは認められないと判断し、憲法違反にはあたらないと判断したケースが著名です。

*8 津地鎮祭事件最高裁判決
最大判昭和52年7月13日。

一方で、愛媛県が靖国神社の例大祭に玉串料として公金を支出したことが争われたケース*9では、県が玉串料を納めることは、①「宗教的意義が希

*9 愛媛玉串料訴訟
最大判平成9年4月2日。

薄化し、慣習化した社会的儀礼にすぎないものになっているとまでは到底いうことができず」、②地方公共団体が特定の宗教団体に対してのみ特別の関わり合いを持つことは、一般人に対して特定の宗教への関心を呼び起こし、特定の宗教団体を支援する効果をもちうるとして、政教分離を定めた憲法違反にあたるとの判断も示しています。

また、公立の高等専門学校に通っていた学生が、宗教的な理由から、当該学校で必履修科目となっている剣道の実技の受講を拒否し、そのことを理由として単位が認定されなかったため原級留置・退学とされた処分の有効性が争われたケースでは、学生が求めた剣道実技の代替措置としてのレポートの提出を認めず、原級留置・退学とした学校側の処分を、「社会観念上著しく妥当を欠き、裁量権の範囲を超えた違法なもの」とし、処分を取り消す旨の判断を下しています。この判決においては、「信仰上の真摯な理由から」剣道実技に参加することができない学生に対し代替措置を講じることは、「その目的において宗教的意義を有し、特定の宗教を援助、助長、促進する効果を有するものということはできず、他の宗教者又は無宗教者に圧迫、干渉を加える効果があるともいえない」と目的効果基準を適用し、剣道実技の代わりにレポートの提出とする代替措置を講じたとしても政教分離原則違反には該当しないとの判断を示しました[*10]。

*10 神戸高専剣道実技拒否事件
最判平成8年3月8日。

3 まとめ

この章でみてきたように、国民には思想・良心の自由や信教の自由が保障されており、保育者や教員は、そうした子どもの権利を尊重しながら、保育や教育を行うことが求められます。第3章で学んだように、そもそも憲法は国と国民との関係を規定するものであり、この考え方からすると、国公立（市町村立など）の施設と国民との間には憲法が直接適用されるものの、私立（学校法人や社会福祉法人等）の施設と国民の間には憲法は直接適用されないという厳然とした取り扱いの違いが存在するかのように思われます。しかし、憲法学では、国民とは明らかに立場が違う企業や補助金の交付等を受け運営されている法人と国民の間で憲法に関連する紛争が生じた場合には、民法第90条等[*11]の条文を介して間接的に憲法を適用する考え方（間接適用説）が有力であり、その意味では、国公立、私立の別を問わず、すべての保育者・教員が憲法に掲げられた権利を十分に理解した上で、保育・教育にあたることが求められているといえるのです。この章でみてきた2つの内面の自由が

*11 民法第90条は「公の秩序は善良の風俗に反する法律行為は無効とする」と定めています。

子どもにも当然に保障されていることを踏まえ、期待される保育・幼児教育のあり方を考えてみましょう。

確認テスト

① 憲法第20条3項で規定された政教分離に該当するか否かを判断する基準のことを、＿＿＿＿＿＿基準という。
② 憲法第19条をめぐっては、学説では「思想・良心の自由」として保障されるのは、生きていく上で必要な不可欠な人格の核心に関わる部分に限定されるとする＿＿＿＿＿説が主張されている。しかし、人格の核心をなす世界観や人生観といった価値観は人それぞれ異なること等を根拠に、より広く保障の範囲を考えるべきだとする＿＿＿＿＿説も有力である。
③ 憲法第19条では思想・良心の告白を強制されない自由も保障されていると考えられている。このような思想・良心の告白を強制されない自由は＿＿＿＿＿＿＿＿とも呼ばれる。

（解答は188ページ、またはQRコードを読み取り）

考えてみよう

① ある園児の保護者から、最近ニュースでよく取り上げられている政治的なテーマについて、「先生はどう考えるか」と自らの政治的な思想について尋ねられました。このとき先生はどのように答えるべきか、憲法第19条の趣旨を踏まえて考えてみましょう。
② 公立の幼稚園でクリスマス会を行うことは政教分離原則に違反することになるでしょうか。目的効果基準を適用して考えてみましょう。

【参考文献】
澤野義一・小林直三編『テキストブック憲法　第2版』法律文化社　2017年
初宿正典・大沢秀介・高橋正俊・常本照樹・髙井裕之編『目で見る憲法　第5版』有斐閣　2018年
野中俊彦・江橋崇編『憲法判例集　第11版』有斐閣　2016年

第 7 章　自由に学び表現する権利

はやと先生　この授業では日本国憲法第23条に定められている学問の自由について学んでいこう。この条文はとてもシンプルに書かれているんだ。みらいさん読んでみて。

みらいさん　「学問の自由はこれを保障する」。本当ですね。わずか1行、13文字！

はやと先生　この短い1文にどのような意味が込められているかわかるかな？

みらいさん　わざわざ「学問の自由」を入れなければならないということを考えると、以前はその自由がなかったということですか？

はやと先生　いいところに気がつきましたね。戦前の大日本帝国憲法の下では、思想や言論が弾圧されたように、政府に不都合な研究や論文もその対象とされました。だから、自由に研究したり、論文を書いたり、また、それらの成果を発表できることを憲法で保障したのです。例えば、日本の憲法が大日本帝国憲法のままで、それに先生が国に批判的な研究をして学生のみなさんに講義したら、きっと教壇に立てなくなるでしょう。学問の自由があるからこそ、先生の研究成果をふまえて講義ができるのです。

みらいさん　なるほど。私たちは第23条のおかげで先生たちから自由に学べるわけですね。でも、小学校や中学、高校の先生は、だいたい教科書に沿って教えますよね。受験とかもあるし、あまり自由がないような気がします。

はやと先生　なるほど。高校までの教育内容は、基本的には国が学習指導要領で教える内容を示していますので、どこまで自由が求められるかが問題となり議論もされてきました。ただ、高校までの授業の中で習った内容も、これまで先人たちが積み上げてきた学問の成果なんですよ。そして、これらの知識は、みらいさんがこれから学問をする上での基礎となっていくはずです。

みらいさん　そうですね。保育者になるための勉強も、今まで学んだ知識がなければ理解できないことばかりです。でも、数学はあんまり……保育者になるための必修科目に数学がなくてよかった。

はやと先生　誰にでも得手不得手はありますからね。それでは、講義をはじめましょう。

1 「自由に学ぶこと」と「自由に表現すること」と権利

① 「自由に学び表現する」ことについて

　本章は、「自由に学び表現する権利」となっています。ここには、憲法上に定められている「自由に学ぶ」権利と「自由に表現する」権利という2つの権利が含まれています。この2つは密接に関連し合っています。例えば保育者のみなさんが日々向き合い、支えていく幼い子どもたち、彼らは「遊び」を通して学び表現していきます。

　「ごっこ遊び」を想像してみましょう。乳幼児は、日々の生活のなかで、自ら感じ学び得たものを自らの自由な意思で表現していきます。「ごっこ遊び」は、まさに「自由に学び表現する」という行為ではないでしょうか。幼児教育においても「幼児の自発的な活動としての遊びは、心身の調和のとれた発達の基礎を培う重要な学習」[1)]だと位置づけられています。

　保育者は子どもたちの遊びを通して指導していくことになりますから、それは子どもたちの「自由に学び表現する」ことを支えていくことに他ならないといえるでしょう。

② 子どもの権利条約と「自由に学び表現する」こととの関係

　憲法の具体的な中身に入る前に、「自由に学び表現する」ことと、「子どもの権利条約」との関係について簡単に触れておきたいと思います。

　1989年の国連総会において採択された「子どもの権利条約」は受動的権利と能動的権利から構成されています。これまで未成熟な存在である乳幼児は、

保護される対象として捉えられてきたため、能動的権利の対象とは考えられにくい側面がありました。

その後、2005年に国連子どもの権利委員会が「乳幼児期における子どもの権利の実施」を発表しました。特に注目される点は、能動的権利を象徴する「意見表明権」（第12条）を乳幼児が有しているとした点です。同委員会は、乳幼児の感情さえも尊重に値する意見である、と強調しました。さらに、「意見表明権」は、表現の自由（第13条）の保障の一環をなすものだと捉え、自己の権利の促進、保護および監視に積極的に参加する主体としての乳幼児の地位を強化するものだと位置づけました。

このような考え方は、同条約批准国である日本においても、児童福祉法に反映されることになり、2016（平成28）年の同法改正では、子どもの権利条約に則った理念そのものに関する画期的な改正により、子どもの意見の尊重が明記されました。

2 「自由に学ぶ＝学問の自由」（憲法第23条）

日本国憲法第23条では学問の自由を「学問の自由はこれを保障する」と定めています。

学問の自由は誰のものなのか、この点について憲法学では様々な議論があります。ここからは、学問の自由をめぐって争われた有名な「ポポロ事件」の最高裁判決*1に基づいて整理していきます。

最高裁は、「学問の自由」について「一面において、広くすべての国民に対してそれらの自由を保障する」と判示しました。このことからも明らかなように、すべての人に学問の自由が保障されています。

ただし、大学における学問の自由が特に重要視されていることも事実です。その理由は、最高裁が「大学が学術の中心として深く真理を探求する」ことを本質とする、と示しているように「学問」の中心が大学であるからです。このような役割をもつ大学に対して「大学における学問の自由を保障するために、伝統的に大学の自治が認められている」という判断も示されています。

*1 最大判昭和38年5月22日。
東京大学構内で大学公認の学生団体「ポポロ劇団」が演劇発表会に私服警官が潜入していたのを学生が発見し、警察手帳の提示を求めたところ、暴行があったとして学生が逮捕・起訴された事件。

① 昔はなかった「学問の自由」

さて、学問の自由は「他の基本的人権や民主主義の諸原則とは異なって、歴史的に闘いとられてきたものである」2)ことに特徴があります。日本に

おいても、日本国憲法のもとに新たに定められた規定です。そこには、私たちの国が戦前の大日本帝国憲法（明治憲法）下において国家権力によって学問や思想の弾圧がなされた、という過去の歴史に対する深い反省があります。

なぜ弾圧する必要があったのでしょうか。それは、学問というものが、私たちのものの見方や考え方に極めて大きな影響を与えるからに他なりません。

戦前の日本において、国家権力による学問の自由に対する重大な侵害として有名な事件に、「天皇機関説事件」（1935〈昭和10〉年）があります。「天皇機関説」（天皇を国家機関としてとらえる）を唱えた東京帝国大学教授美濃部達吉博士に対して、政府がその著作を発禁処分にしたり、この学説を大学の授業で講義することを禁止したりした事件です。この事件以降、大学は自由な学問の場ではなくなり、一般国民に対する思想弾圧も強化されていきました。これらのことに対する反省として、学問の自由は成立したわけです。

② 学問の自由の内容

▼研究の自由

それでは、「学問の自由」の具体的内容をみていきましょう。

学問の自由の中核にあるのが、「研究の自由」です。これは、学問研究をするにあたって、その研究する内容は自由であり、国家権力の制約や弾圧を受けないということを根本原理としています。この「研究の自由」と「発表の自由」については、「広くすべての国民に対して」保障されているものと考えられています。ですが、「教授の自由」については、高校までの下等教育機関の教師にも認められるのかどうかについて、様々な議論があります。

▼教授の自由

「教授の自由」（＝教育の自由）に関しては、具体的にその場面が想像できるのではないでしょうか。例えば大学の授業では、教員がテキストも用いることなく、その内容もかなり独創的だと感じられる経験をしていませんか。それは、いい加減なことをしているわけではなく、その教員の研究による「学問的見解」に基づいた教育です。学生に対して「教授する自由」が保障されているからこそできるということになります。

▼発表の自由

教員や研究者は、それぞれ自らの自由意思でテーマを決め、自由に研究し、その研究結果を発表する、ということを行っています。例えば研究をまとめて論文を書いたり、著作を出版したり、学会で発表したり、という形で、社会に発表していきます。このような性格から、研究を発表する自由は、表現

の自由の一部としても位置づけられています。研究というものは、社会的な便益を目的としてなされるものであるとされています。したがって、研究に基づいた「学問的見解」について「発表する自由」を保障することは、社会の発展にとっても、守られなければならない重要な権利です。

▼大学の自治

最後に、広義の学問の自由といわれる「大学の自治」について簡単に説明します。なぜ「大学の自治」は必要なのでしょうか。広辞苑には、「大学の自治」とは「大学が政治上・宗教上その他の権力または勢力の干渉を受けることなく、全構成員の意思に基づいて研究と教育の自由を行使すること」と説明されています。つまり、最高裁が示す通り、大学における学問の自由を保障するために認められている権利ということになります。

③ 学問の自由の限界

近年の先端技術分野における発展は、私たちが想定できないほどの進展を遂げています。たとえば「クローン牛誕生」というニュースが世界中の人々を驚嘆させたことからも理解できるでしょう。現在、「クローン人間」以上に切迫した問題として指摘されているのが「デザイナーベビー」[*2]です。この問題については、生命倫理の観点から、生殖医療を目的としたゲノム編集を使った受精卵改変研究を指針で規制しなければならないという段階にまできています（2017（平成29）年11月、法整備は見送られました）。確かに研究の自由は保障されていますが、人権を侵害しかねない場合もあります。近年、このような先端技術分野における研究に対してはある程度規制の必要性がある[*3]、という見解も有力になりつつあります。

④ 国民の教育権と国家の教育権

▼高校までの教師に「教授の自由」は認められるのか

大学における教授の自由が保障されていることを確認しましたが、下級教育機関の教師にも同様に保障されているのでしょうか。この点については、激しく議論されてきた経緯があります。高校までの教育は、文部科学省の告示する学習指導要領に基づいて教育するよう指示されています。そのため従来の見解では下級教育の教師の「教授の自由」は適用されないとされてきました。それに対して、ユネスコによる「教員の地位に関する勧告」第61条には、「教員は、職責の遂行にあたって学問の自由を享受するものとする」と

[*2] デザイナーベビー
受精卵の遺伝子操作などにより、親の望む外見や知力・体力などを与えられた子どものことをいいます。その問題点は、親が望まない子どもが生まれた場合や、その子自身が遺伝子改良によって生まれてきたことを知る場合、また倫理的な問題はどうするのかなど、多くの問題は解決されていません。

[*3] 2000（平成12）年に「ヒトに関するクローン技術等の規制に関する法律」が成立し、罰則規定が置かれました。

明示されています。

そもそも教育内容は国が決めるもので、国民には何の権利もないのでしょうか。この点についても、歴史的に対立してきた経緯があります。教育内容については国民が決定し国家の介入は原則的に許されないとする「国民の教育権」説と、それは国が決定するとする「国の教育権」説との対立です。この対立に対しては、最高裁が「旭川学力テスト事件」*4で判断を示しています。

▼旭川学力テスト事件

最高裁は、「国の教育権」説も国民の教育権説も「極端かつ一方的」であるとして採用できないとしました。その上で、教師の教授の自由は一定の範囲において肯定されました。しかし、児童生徒には教育内容を批判する能力がないなどの理由から、完全に認められたわけではありませんでした。国に対しては、教育内容について「必要かつ相当と認められる範囲において」決定する権能があると肯定し、学力テストを適法だとしました。

▼国民の教育権を守ることの大切さ

戦前の教育の有様を考えると、「国民の教育権」を守ることは極めて大切です。戦前の国民教化政策の下で、支配者にとって都合のいいような教育が行われてきました。そういった教育の誤りを正すべく戦後の教育の民主化が行われました。そのことを考えれば、教育内容に関して、国家の介入は原則的に許されないとする立場は、とても重要な意味をもっています。最高裁も「旭川学力テスト事件判決」において、教育内容について「子どもが自由かつ独立の人格として成長することを妨げるような国家的介入」は許されないとしています。

*4 最大判昭和51年5月21日。
1961（昭和36）年、旭川市の中学校で、文部省が実施しようとした「全国統一学力テスト」を阻止しようとした教員ら反対運動派が公務執行妨害罪などで起訴された事件。

⑤ 学問の自由っていったい誰のものなんだろう？

▼国立大学の法人化と「現代社会における学問の自由」報告（日本学術会議）

2005（平成17）年、日本学術会議から「現代社会における学問の自由」という報告がなされました。そこには、「学問の自由が憲法上明記されるに至った今日においても、なお十全に実現しているとはいえず、今後もその保障のための努力が継続される必要がある」という記述がみられます。

その背景には「科学の発展の所産である技術革新のめざましい進展」と「社会の大衆社会化と大衆民主主義のいちじるしい進展」があるとされます。後者について、重要なキーワードとしてあげられているのが、国立大学の法人化です。法人化による財政上の理由から、教員自身や研究内容などが、文部

科学省にしたがわざるを得ない状況となっているという指摘です。学問の自由の実質的裏づけとして教育研究機関の従事者に職務上の独立を認めその身分を保障するという意味があり、それが脅かされていることを訴えています。

▼学習指導要領と「伝習館高校事件」「七生養護学校事件」

　文部科学省の学制百二十年史には、学習指導要領の法的拘束力をめぐる教育裁判について、1976（昭和51）年5月に「旭川学力調査事件の最高裁判決が出され、学習指導要領には法的基準性がある旨の判断が示され、戦後長らく争われたこの問題に最終的な決着がついた」3)という記述がみられます。

　学習指導要領は、もともとは教師の手引きという性格が強調されていました。最高裁が、その学習指導要領に法的拘束力があると明確に判示したのは、伝習館高校事件判決*5においてです。しかし、知的障害の子どもたちに対する教師の教育の自由について争われた七生養護学校事件（性教育訴訟）判決*6では、特別な配慮を要する児童生徒に対する、教師の「教育の自由」を認める態度を示しています。

▼幼稚園教育要領や保育所保育指針と保育者の指導（創意工夫）

　幼稚園や保育所などにおける幼児教育と小学校以上の教科教育の学習内容のあり方と大きく異なる点は教科書がないということです。幼稚園教育要領は、保育者が幼児の「遊びを通しての総合的な指導をする際に広く活用される」ことを期して定められています。保育者には、幼児とともによりよい教育環境を創造するよう努めるとともに、「幼児の自発的な活動としての遊びは、心身の調和のとれた発達の基礎を培う重要な学習であることを考慮して」行うことが求められています。幼児とともに創造する「遊びを通しての指導」は、創意工夫を生かしたものであり、「教育の自由」が保障されてこそできるものです。

*5　最判平成2年1月18日。
　学習指導要領の法的性格と教師の教育の自由について争われた事件。

*6　最判平成25年11月28日。
　詳しくはジェンダー法学「判例　七生養護学校事件」参照。
http://ch-gender.jp/wp/?page_id=10056（2018年3月10日閲覧）

3　「自由に表現する＝表現の自由」（憲法第21条）

日本国憲法第21条では、表現の自由を次のように定めています。

> ①集会、結社及び言論、出版その他一切の表現の自由は、これを保障する。
> ②検閲は、これをしてはならない。通信の秘密は、これを侵してはならない。

　表現の自由は自由権のなかでも最も重要な権利であり、民主主義社会の基盤をなすものと位置づけられています。そのような表現の自由は、精神的自由権に位置づけられ、経済的自由権やその他の自由より優越的な地位を認め

られているとされます。そして、この自由を制限する法令の合憲性については特に厳格な審査基準を適用して慎重に判断しなければならない、とするのが有力な理論となっています（二重の基準論*7）。

*7　第3章 p.42参照。

① 表現の自由の構造

▼（狭義の）表現の自由*8

言葉や文字ばかりでなく、表情や身振りや動作などを含め、自分の内なる思いを外に表し周囲に伝えようとすることすべてが、大切な表現です。

表現の自由には、「自己実現の価値」と「自己統治の価値」の2つの側面があり、その2つによって重要性が基礎づけられているとされます。

「自己実現の価値」は、人が自分の思っていることなどを様々な表現手段で周囲に伝え、それを通じて人格形成を発展させるという個人的な価値のことです。

「自己統治の価値」は、国民が自由に言論や議論を交わすことで政治的な意思決定に参加するという重要な社会的な価値です。

*8　第21条1項には「集会・結社の自由」も保障することが明記されています。この自由は集団としての「意思表明の自由」を団体的側面で保管するもので、広義の「表現の自由」ととらえられています。

▼知る権利

情報過多かつ情報が一瞬にして全世界を駆け巡る時代において、私たちは情報を一方的に受け取っている現状があります。このようななかで、憲法学において、情報を受ける側から表現の自由を再構築する必要性が指摘され、知る権利が誕生しました。2001（平成13）年には国民の知る権利に基づき「行政機関情報公開法」が施行されました。ただし、その目的を定めた第1条には「知る権利」の文言はありません。その点について、国は有力説を用いて説明しています[4]。

有力説では、「知る権利」が「国民主権の理念を背景に、表現の自由を定めた憲法第21条に根拠付けて主張されること」、そして表現の自由には「それを受け取る自由のみならず、政府が保有する情報の開示を求める権利（政府情報開示請求権）をも含む」としています。しかし、最高裁の判例においても「請求権的な権利としての『知る権利』は認知されるに至っていない」ため、文言を用いなかったと説明しています。

▼報道機関の報道の自由

報道の自由に関して、最高裁は「報道機関の報道は、民主主義社会において、国民が国政に関与するにつき、重要な判断の資料を提供し、国民の『知る権利』に奉仕するものである。したがつて、思想の表明の自由とならんで、事実の報道の自由は、表現の自由を規定した憲法21条の保障のもとにある」

と判示しました*9。ここには3つの重要なポイントが示されています。

①報道の自由は表現の自由によって保障されている。②報道は「民主主義社会において、国民が国政に関与するにつき、重要な判断の資料を提供」する。これによって③特に国民の知る権利に奉仕するためのもの、として位置づけられています。

▼取材活動の自由

最高裁の取材活動の自由に関する見解は、報道の自由とは若干異なり、ある程度の制限を認める判断を示しています。先に述べた博多駅事件判決のなかでは、取材の自由に関して「報道機関の報道が正しい内容をもつためには、報道の自由とともに、報道のための取材の自由も、憲法21条の精神に照らし、十分尊重に値いする」としています。その上で「何らの制約を受けないものではなく」、「公正な刑事裁判の実現を保障するために、報道機関の取材活動によって得られたものが、証拠として必要と認められるような場合には、取材の自由がある程度の制約を蒙ることとなってもやむを得ない」との見解を示しています。ただし、これは取材源の秘匿（取材記者が取材対象者の特定につながるような情報を相手の承諾なしに外部に明らかにしないこと）に関わる重大な問題です。

この点について最高裁は、NHK記者証言拒絶事件*10において「取材源の秘密は、取材の自由を確保するために必要なものとして、重要な社会的価値を有する」と取材源の秘匿について理解を示しています。

*9　博多駅事件
最大決昭和44年11月26日。取材フイルム提出命令に対する抗告棄却決定に対する特別抗告事件。

*10　最判平成18年10月3日。
証拠調べ共助事件における証人の証言拒絶についての決定に対する抗告棄却決定に対する許可抗告事件。

② 民主制の維持発展に不可欠な表現の自由の大切さ

▼かつては制限されていた「表現の自由」

戦前の治安維持法体制下で、国民の言論は統制され、政治に自由に意見をいうことなどできませんでした。終戦までに1,600人余りの人々が体制批判の疑いをかけられ投獄されたとされます。政府に批判的意見をいえば投獄されるようなことが二度とあってはなりません。だからこそ表現の自由を保障することは、民主制の維持発展に不可欠だといえます。

▼「シャルリ・エブド事件」

2015年1月7日、フランスの風刺週刊新聞シャルリ・エブドの編集部がイスラム系過激派のテロリストによって襲撃を受け、イラストレーターなど多くの命が失われました。この事件で特に注視されるのは、言論機関に対するテロである点、とりわけシャルリ・エブド紙がフランスの伝統となっている風刺画を用いた風刺ジャーナリズムに対するテロであった点にあります。

フランスでは、風刺文化において市民（弱者）がその権利を用いて強者（国家権力や宗教などの権威）を批判することに風刺の重要な意味があります。同紙はその姿勢を貫き、預言者ムハンマドの風刺画を載せることを繰り返した結果襲撃されました。これは表現の自由への侵害です。残念ながら、事件後、ヨーロッパではイスラム側からの攻撃を危惧し、芸術分野でイスラム世界を題材にする作品の自主規制がなされました。つまり、描くという表現行為の委縮を余儀なくされたのです。

③ 表現の自由の限界

▼自由だからって何でもいっていいわけではない

　自由だからといって、何でもいいたい放題いっていいわけではありません。「名誉毀損」や「プライバシーの侵害」など、相手の権利を侵害するような場合には、当然、一定の制約を受けることになります。

　憲法は、他人の権利を侵害するような表現行為については原則として保障していません。酷い「悪口」によって相手の評判が下がるなど名誉が傷つく（名誉棄損的表現）場合、傷つけられた相手から、損害賠償を求められたり（民法第709条）、名誉毀損罪で訴えられ（刑法第230条）処罰される可能性もあります。しかし、表現活動を広範に規制してしまうと、処罰されることを恐れて表現行動を委縮させてしまいかねないため、規制される範囲は極めて限定的なものとなっています（厳格な基準）。

▼表現の自由とヘイトスピーチ解消法

　2013（平成25）年の新語・流行語大賞のトップ10に「ヘイトスピーチ」が選ばれました。その背景には、在特会（在日特権を許さない市民の会）などによるヘイトデモ・街宣活動が活発化したことなど、ヘイトスピーチの広がりがあります。そうした現状のなか、最高裁が京都での在特会の街宣を「人種差別」と認めた判決を下しました[*11]。そして2015（平成27）年末には、法務省が在特会に対する朝鮮大学校（東京）前の街宣を人権侵害と認定しました。このような動きを受けて、国は、2016（平成28）年6月、「本邦外出身者に対する不当な差別的言動の解消に向けた取組の推進に関する法律」（ヘイトスピーチ解消法）を施行させました。この法律には、罰則はなく、人権教育や啓発活動を通じて解消に取り組むことが定められています。言葉の暴力は、子どもが深く傷つく「いじめ」の問題と関わります。先に示した国連子どもの人権委員会も、締約国が、乳幼児期教育に人権教育を含めるように勧告しています。

*11　京都朝鮮学校襲撃事件に対する最高裁判決（2014〈平成26〉年12月11日付、日本経済新聞）

④ 情報化社会とプライバシーの保護

憲法には「プライバシー権」という規定は存在しません。この権利は、判例によって認められるようになったものです[*12]。

2003（平成15）年には、「個人情報の保護に関する法律」（個人情報保護法）が誕生しました。2018（平成30）年3月、法務省は、2017（平成29）年度のインターネット上の人権侵害が過去最高を記録したことを発表しました[*13]。情報化社会において、子どもたちを取り巻く環境においても「ネットいじめ」「SNSいじめ」といった深刻な問題も急増しています。

▼「石に泳ぐ魚事件」

「石に泳ぐ魚」とは、1994（平成6）年に、雑誌『新潮』に掲載された、作家・柳美里による小説のタイトルです。この小説のモデルとなった女性が、出版差し止めと慰謝料を求める裁判を起こした事件です。そしてこの事件の最高裁判決[*14]は、名誉およびプライバシー権と表現の自由をめぐる重要な判例となっています。

最高裁は、「人格的価値を侵害された者は、人格権に基づ」いて、侵害行為の差し止めを求めることができるとしています。モデルとなった女性が「大学院生にすぎず公的立場にある者」でもないし「表現内容は、公共の利害に関する事項でもない」。小説が出版されれば、「精神的苦痛が倍加され」、「平穏な日常生活や社会生活を送ることが困難となる」ため、差し止めの必要性はきわめて大きく、差し止め請求が認められるべきある、としました。この裁判で出版社は憲法第21条1項違反ではないかとの主張をしましたが、最高裁は判決で、名誉やプライバシーの侵害等に対するもので違反ではないとの判断を示しました。

[*12] 第4章 p.54参照。

[*13] プライバシー侵害が1,141件、名誉毀損が746件、双方を合わせて85.1％をインターネットが占めていました。

[*14] 最判平成14年9月24日。

確認テスト

① 学問の自由は、学生が自由に＿＿＿＿＿も保障する。

② 学問の自由の中核にある＿＿＿＿＿は、＿＿＿＿＿による制約や弾圧を受けないことを保障されている。

③ 表現の自由は、＿＿＿＿＿の基盤をなす、＿＿＿＿＿のなかで最も重要な権利である。

④ 表現の自由は、相手の権利を＿＿＿＿＿ような場合には、一定の＿＿＿＿＿を受けることになる。

（解答は188ページ、またはQRコードを読み取り）

考えてみよう

① 子どもたちに花壇の花を描くように指導しました。一人の子どもが花ではなく、花壇にいたカエルを描いていました。あなたは、その子に対してどのように指導しますか？ 考えてみましょう。

② 何人かの子どもたちが、おもらしをしてしまった子に対して、上手にトイレができないと、からかっていました。からかわれた子は泣いています。あなたは、からかっている子どもたちに対してどのように指導しますか？ 考えてみましょう。

【引用文献・ホームページ】

1）厚生労働省「幼稚園教育要領」2017年
2）髙木秀男「学問の自由と研究者の権利および社会的責任」『日本の科学者』第48第5巻　本の泉社　2013年　p.11
3）「二　学習指導要領をめぐる裁判」
　http://www.mext.go.jp/b_menu/hakusho/html/others/detail/1318314.htm（2018年3月1日閲覧）
4）衆議院憲法審査会資料「情報公開法要綱案考え方」『「知る権利」のあり方について』p.2
　http://www.shugiin.go.jp/internet/itdb_kenpou.nsf/html/kenpou/1930601miki.pdf（2018年3月3日閲覧）

【参考文献・ホームページ】

広田照幸・石川健治・橋本伸也・山口二郎『学問の自由と大学の危機』（岩波ブックレット）岩波書店　2016年

鹿島茂・関口涼子・堀茂樹編『シャルリ・エブド事件を考える』白水社　2015年

安念潤司他編『論点　日本国憲法―憲法を学ぶための基礎知識―』東京法令出版　2014年

厚生労働省「幼稚園教育要領」2017年

子どもの権利委員会一般的意見7号「乳幼児期における子どもの権利の実施」
　https://www.nichibenren.or.jp/library/ja/kokusai/humanrights_library/treaty/data/child_gc_ja_07.pdf（2018年3月1日閲覧）

ユネスコ「教員の地位に関する勧告」
　http://www.mext.go.jp/unesco/009/1387153.htm（2018年3月1日閲覧）

日本学術会議「現代社会における学問の自由」
　http://www.scj.go.jp/ja/info/kohyo/pdf/kohyo-19-t1030-16.pdf（2018年3月1日閲覧）

コラム
子どもたちの「自由に学び表現する権利」を尊重する指導
―「非認知的能力」を育む学びの視点から―

　「非認知的能力」とは、経済学者ジェームズ・ヘックマン（J. Heckman）が提唱した、IQ（認知的能力）以外の能力を指す言葉で、今や世界的なトレンドになっています。ヘックマンは、幼少期に非認知的な能力を身につけておくことが大人になってからの幸せや経済的な安定につながる、と主張しています。

　「非認知的能力」は、2017（平成29）年3月に改訂された保育所保育指針・幼稚園教育要領・幼保連携型認定こども園教育・保育要領において重要なキーワードとされました。どのように非認知的能力（目標に向かって頑張る力、他の人とうまく関わる力、感情をコントロールする力など）は育成されるのでしょうか。それは、子どもの主体的な遊びのなかから、そして保育者や友だちとともに「遊び込む」経験から育まれるとされています。乳幼児は遊びを通して学び発達していきます。ですから、子どもたちの非認知的能力を育成するということは、子どもたちの「自由に学び表現する」権利を守ることと直結しているといえるでしょう。

第8章　自由に職業や住む場所を選べる権利
　　　　（経済的自由権）

はやと先生　みらいさんは、どうして保育者になろうと思ったのですか？

みらいさん　保育園に通っていた頃、保育士の先生がとても優しくて大好きだったんです。それで、将来自分もあの先生のような保育士になれたらいいなと思って資格を取ることにしました。

はやと先生　いいことですね。そして、みらいさんは自らの考えで、職業を選ぼうとしているのですね。でも、ちょっと考えてみてください。もし、みらいさんの家業が八百屋さんで、みらいさんには将来、実家で八百屋さんを継ぐことしか選択できないとしたらどうでしょう。

みらいさん　八百屋さんがいいとか悪いとかじゃなくて、仕事を選択できないことが私は嫌です。

はやと先生　職業や住む場所を自由に選択できることを保障しているのは、憲法第22条の居住、移転、職業選択の自由という「経済的自由権」があるからなんですね。

みらいさん　職業を選んだり、住む場所を自由に決めたりできることが、当たり前だと思っていましたけど、憲法で保障されているということに、改めて大きな意味を感じます。

はやと先生　今でこそ、民主主義の国では当たり前と思うようなことも、ほんの少し前までは身分制度だったり、肌の色などで、仕事や住む場所を制限する国もありましたからね。ただし、憲法で職業を自由に選べるといっても、「公共の福祉に反しない限り」と一定の制限をもうけているんだ。

みらいさん　「公共の福祉」がここでも出てくるんですね。自由といっても、他人の人権を侵害するような仕事をする職業は認められないということですね。

はやと先生　そうだね。犯罪や社会の秩序を乱すようなことはもちろん、例えば保育士や幼稚園教諭の資格や免許を保持することを条件にその仕事に就くことができるような、安全や質を担保するための規制もあります。それでは、詳しくみていきましょう。

1 職業選択の自由

① 職業選択の自由とはなんだろう？

　日本国憲法の第22条では「何人も、公共の福祉に反しない限り、居住、移転及び職業選択の自由を有する」と定められています。つまり私たちは職業や住むところを選べる自由を保障されています。

　本書で学んでいるみなさんの多くは保育士をめざしていると思いますが、正に職業選択をしようとしている時です。そして、近い将来、子どもたちに「何になりたい？」などとあこがれの職業を質問したりする日が来ます。私たちが職業を選ぶことについて学ぶことは自分のためにも、子どもたちのためにも大切なことなのです。

▼職業選択の自由は何を保障しているの？

　職業選択の自由は、文字通り、その職業をめざすことの自由を意味しています。このなかには選んだ職業を遂行していくことも保障されています（職業遂行の自由）。ところで、みなさんは「士農工商」という言葉を聞いたことがあるでしょうか？　江戸時代の身分制度です。この当時は自分の身分と違う職業に就くことはできませんでした。職業選択の自由がない時代を日本は長く続けてきたのです。第4章でみなさんは幸福追求権について学びました。幸福の追求の実現のためにも、自分で選んだ職業をめざすことができる権利はとても重要です。また、何人もという言葉がありますが、その対象は文字通りすべての人を指し、例え障害があっても自分の選びたい職業をめざすことができることを意味します。

▼移動や居住の自由について

　また、憲法第22条は居住・移転の自由も同時に保障しています。「士農工商」という身分制度があった時代、人は土地との結びつきを強いられていました。自由な経済活動のためには、身分と職業を切り離すとともに、土地との結びつきを切り離すことも同時に行う必要があったのです。

　土地との結びつきの切り離しとともに「旅行の自由」も認められています。「旅行」は国内に留まらず海外への旅行の自由も認めていると考えられています。第22条2項は「何人も外国に移住し又は国籍離脱する自由を侵されない」と定めています。国籍離脱は条文からそのまま読み取れますが、海外旅行も海外への移住に類するものとして認められています。誤解されがちですが「無国籍」になる自由ではありませんので気を付けてください。

第8章　自由に職業や住む場所を選べる権利（経済的自由権）

② 職業選択の自由を規制する考え方

▼職業をなんでも自由に選べるの？

　職業は無制限に自由に選べるというわけではありません。憲法第22条の条文には「公共の福祉に反しない限り」という文言があります。「反しない限り」という表現ですから職業選択には制限が付いていることがわかります。これは、第13条の幸福追求権に基づき、すべての人が幸福を追求するために活動したら「人権」同士が衝突することが容易に想像できます。その「対立した二つの人権」を調整する考え方を「公共の福祉」といいます（第3章参照）。

　例えば、「麻薬の販売」を仕事にしようとしてもそれはできないことは容易に想像できますね。麻薬の販売は、職業選択の自由という、ある「個人」の人権と、販売された側の健康というもう一人の個人の「人権」の対立を発生させます。この場合に人権の対立を「公共の福祉」で調整して、その結果麻薬の販売は選択ができないという結論に至ります。もちろん法律でも禁止されています。

図8−1　「公共の福祉」イメージ

▼職業の選択が制限される場合の考え方

　公共の福祉とは人権の対立を調整する原理です。交差点を例にあげてみましょう。みんな、自分の思う方向に進みたいですよね。そこに交通ルールとして赤信号は止まれと制限をかけるわけです。この交通ルールに例えることができるのが法律であり、この法律が憲法に違反していないかどうか考えるときに用いる基準が「違憲審査基準」と呼ばれるものです。精神的自由は民主的な政治を支える上でも重要なものであり、その制限は政治に大きな影響を与えます。

　一方の経済的自由権についての制限は、その制限の根拠である法律が民主

的な手続きにより成立していれば問題のないことが多いです。そこで、精神的自由を制限する法律について審査する場合は「厳しい基準」で、経済的自由を制限する法律について審査する場合は「緩やかな基準」を用いる考え方が主流となっており「二重の基準論」と呼ばれています。ダブルスタンダードと表記されますが決して悪い意味ではないことを知っておいてください。

経済的自由権（職業選択の自由）について制約を加える場合は、その目的別に2つに分けた判断基準があります。「消極目的＝安全を守る」と「積極目的＝経済的弱者の救済」の2つです。

前者は、その制限に厳格な合理性があるかどうかで判断され、後者はその制限に著しく不合理な点があるかどうか確認をします。

2つの判断基準について、もう少しお話しします。「消極的目的規制」とは文字通り「国民の安全を守るために最低限度の規制しかしない」という考え方です。消極国家や夜警国家という言葉をご存知ですか？　こういった国は国民の「自由権」を尊重するので、自由に対して規制を加えるのは最低限度になります。医師などの免許制度が例に考えるとわかりやすいです。自由に医療行為ができてしまっては被害を受けるのは国民ですよね。一方、「積極目的＝経済的弱者の救済」とは積極的に規制をしていくことなのですが、規制の目的が大切です。それは社会的弱者（経済的弱者）の救済が目的になります。自由よりも弱者の保護に力を置いているのは、背景に福祉国家の考え方があるからです。国家のあり方の変化とともに規制に対する考え方も変化をしていきます。

人権と人権を調整することは人権の実質的な公平につながります。両方の人権を天秤にかけるように慎重に判断することを比較衡量といいます。実際には、どうやって調整するのでしょうか？

図8－2　職業選択の規制

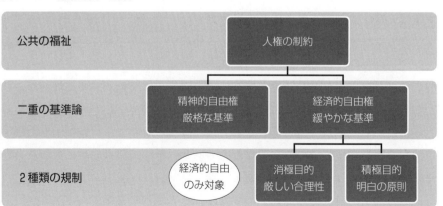

第8章　自由に職業や住む場所を選べる権利（経済的自由権）

裁判所が判決を出す際に、その調整方法を用いています。その例を次にご紹介しましょう。

▼職業選択の自由に関する重要な判例の紹介

「人権の対立」をどう調整したか、薬事法距離制限違憲判決[*1]を用いて説明をします。

*1　最大判昭和50年4月30日。

この問題が起きた当時、薬局を新たに開設しようとすると、許可を得る必要があり、その審査基準には「薬局の適正配置＝既存薬局との距離規制」が含まれていました。

ある業者が薬局の新設の許可を申請したところ「既にある薬局」と「新たに開設しようとする薬局」との「距離が一定の基準を満たしていない」ことを理由に不許可の扱いになりました。それを不服として業者が①許可制と②距離規制について裁判所に訴えたのがこの判例です。裁判は最高裁まで争われました。最高裁は①許可制は検討の必要があるというだけに判断を留めました。一方、②の薬局の適正配置＝距離規制についてはこの規制を憲法違反と判断しました。

この場合に対立したのは、業者の「薬局開設の自由」と国民の「健康に生きる権利」です。なぜ、この2つの対立が起こるのか、不思議に思うみなさんもいるでしょう。最高裁は薬事法の「距離規制」の根拠については、もしも薬局が自由に開設することができたら、薬局の偏在（乱立）→競争激化→一部薬局の経営不安定→不良医薬品の供給の危険性が発生し、距離規制はそれを防ぐためのものであるとしました。しかし、この因果関係は証明することができないことから、「薬局開設の自由」の制限は「もっと緩やかな基準」で達成できると裁判所は判断し、違憲としました。

このような、ある法律（この場合は薬事法）を憲法違反と判断することは

図8-3　薬事法距離制限違憲判決のイメージ

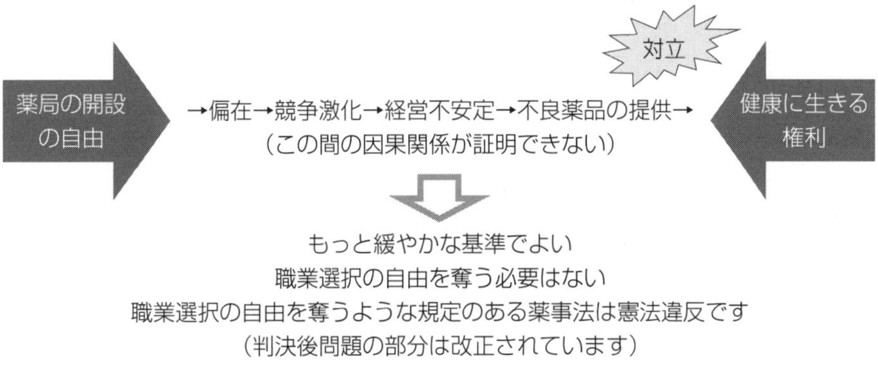

薬局の開設の自由　→偏在→競争激化→経営不安定→不良薬品の提供→　　健康に生きる権利
　　　　　　　　　　（この間の因果関係が証明できない）

もっと緩やかな基準でよい
職業選択の自由を奪う必要はない
職業選択の自由を奪うような規定のある薬事法は憲法違反です
（判決後問題の部分は改正されています）

107

珍しく当時は2例目でした。2017(平成29)年現在でも10例しかありません。このように、②の判断に用いた考え方が「公共の福祉」の調整という考え方です。

2 財産権の保障

① 財産権とは

▼財産権は何を保障しているの？

憲法第29条では、1項で国民がもっている財産が勝手に奪われることがないことを保障しています。つまり私有財産を禁止するような法律を作ったり、そのような政策を取ることができません。また、行政が「公園を作りますので公園になる予定の区域の土地は『国の所有』になりますから『提供してください』」というように勝手に財産を「取り上げる」こともできません。

▼財産権は制限をされるのでしょうか？

制限される場合があります。第29条2項では、一人ひとりが勝手に財産権を主張すると、みんなのためにならない（公共の福祉に適合しない）ので制限することがあることを定めています。そして同条第3項には、道路を建設するなど広く国民のために個人の財産を取り上げる場合（立ち退きなど）は、持ち主に対して正当な補償をされることが保障されています。

「正当な補償」という点では2つの考え方があります。「完全補償説」と「相当補償説」です。「完全補償説」とは文字通り完全に市場価格で保障します。それに対して「相当補償説」は市場価格を下回るものの合理的に計算した結果で保障するという考え方です。完全に補償されない場合なんてあるの？と思う人もあると思いますが、市場価格での完全補償が予算的に無理な場合などは「相当補償説」が妥当と判断されていますので場合によってどちらの考え方も使われています。

次に財産権の具体的な例をみて考えてみましょう。

② 財産権の保障に関する重要な判例の紹介

▼財産権規制の審査基準と森林法違憲判決

*2 最大判昭和62年4月22日。

ここでは森林法違憲判決[*2]を用いて説明をします。

1つの山林を贈与された兄弟がいました。山林は半分ずつに兄弟の持ち物

図8-4 森林法違憲判決のイメージ

になりました。ただ、兄弟の山林に対する考え方が異なってきたので、半分ずつ分割して兄弟で違う使い方をしたいと考えました。しかし、当時の森林法186条では「森林を分割することは森林の生産効率を下げる」との考えから、森林の共有者の持ち分価格が2分の1以下になる場合の分割を認めていませんでした。そこで、森林は財産であり半分を所有しているのに自由に使えないのは憲法第29条の財産権に反すると訴えたのがこの裁判です。

第一審、第二審は訴えを退けましたが、最高裁は、森林の分割を規定している森林法第186条は第29条2項に違反すると判決を下しました。森林を分割しないことと生産効率の関連性の証明ができないことを理由にしました。分割を許さないにしても、どんな森林なのかどの期間分割を認めないのかなどを定めないで分割のみを禁止することに必要性がないと判断したのです。

▼財産の損出補償と奈良ため池事件判決

財産の損出補償の考え方には「完全補償説」と「相当補償説」の2つがあることを紹介しました。公共の福祉が理由で財産権は法律により制限をすることができます。その場合、先に述べたように正当な補償がなされますが、補償をされない場合もあります。

有名な判例に奈良ため池事件[*3]があります。この事件は「ため池の堤とうで耕作をしてはならない」と定めた条例の条文をめぐっておこされました。この条例ができる前から、ため池の堤とうで耕作をしていた持ち主が、ため池条例は憲法第29条に違反すると訴えたものです。判決は、条例で第29条の財産権を制限できると認めた上で、耕作者に対しても保障の必要はない、つまり、公共の福祉から受忍しなければならない制約であると判断しました。必ずしも補償が伴うものではなく、受忍しなければならない制約も存在するのです。

*3 最大判昭和38年6月26日。

確認テスト

① 憲法上の人権のうち、経済的自由権に分類されるのは、_____及び_____の自由（第22条）、_____（第29条）である。

② 「何人も_____に反しない限り_____及び_____の自由を有する」と憲法第22条第1項で定めている。

③ _____と_____を調整するのが公共の福祉である。

④ _____自由は_____自由に比べてより強い制約を受ける。

（解答は188ページ、またはQRコードを読み取り）

考えてみよう

① 新しく道路が建設されることになり立ち退きを迫られました。憲法第29条3項には正当な補償とありますが、この立ち退きを迫られた人に対する正当な補償とは何を意味するでしょうか？ 補償の内容を考えてみてください。

② 職業選択の自由（営業の自由）が制限されている職業をできるだけあげてみて、それぞれが制限されている理由を考えてみてください。

【参考文献】

芦部信喜・高橋和之補訂『憲法　第6版』岩波書店　2015年

長谷部恭男・石川健治・宍戸常寿編『憲法判例百選1　第6版』有斐閣　2016年

第8章 自由に職業や住む場所を選べる権利（経済的自由権）

コラム
資格がなければ保育士にはなれない訳

●保育士の仕事を定めている法律は？

児童福祉法です。児童福祉法では保育士について次のように定義をしています。

> 保育士とは、第18条の18第1項の登録を受け、保育士の名称を用いて、専門的知識及び技術をもつて、児童の保育及び児童の保護者に対する保育に関する指導を行うことを業とする者をいう。

2003（平成15）年11月29日に保育士の定義がかわりました。変更された点は、保育士の資格をもつだけでなく、都道府県知事に登録申請をしていなければ保育士として働くことはできなくなりました。保育士の資格取得をしたら登録申請を忘れないようにしましょう。

●保育士の仕事は誰でもできますか？

保育士証を交付された者のみ保育士としての仕事が可能です。保育士証を交付されるためには以下の手順が必要になります。

まず、以下のように保育士となる資格を取得する必要があります。

・指定保育士養成施設を卒業し卒業証明書の交付を受ける
・保育士資格試験に全科目合格し合格通知書の交付を受ける

次に、保育士登録申請→都道府県の保育士登録簿に記載→保育士証の交付、という手続きを行うと保育士証の交付を受けることができます。

図　保育士証交付イメージ

●国家資格にはどのような分類があるのでしょうか？

国家資格とは、国の法律に基づいて、各種分野における個人の能力、知識が判定され、特定の職業に従事すると証明される資格のことです。法律によって一定の社会的地位が保証されるので、社会からの信頼が厚くなります。

保育士は国家資格であり、その資格を持たない者は保育士と名乗ることはできません。これを「名称独占資格」といいます。栄養士なども名称独占資格に分類されます。

国家資格は、法律で設けられている規制の種類により、次のように分類されています。
A)　業務独占資格：医師、弁護士、公認会計士、司法書士のように、有資格者以外が携わることを禁じられている業務を独占的に行うことができる資格。
B)　名称独占資格：保育士、栄養士、介護福祉士など、有資格者以外はその名称を名乗ることを認められていない資格。
C)　設置義務資格：特定の事業を行う際に法律で設置が義務づけられている資格。
D)　技　能　検　定：業務知識や技能などを評価するもの。
　ちなみに名称独占の場合、その資格の名称を名乗ることはできませんが、資格がなくても、その仕事をすることはできます。例えば、保育士の資格がなくても、保育の仕事をすることはできます。

〈参考ホームページ〉
文部科学省「国家資格の概要」資料5
http://www.mext.go.jp/b_menu/shingi/chousa/shougai/014/shiryo/07012608/003.htm
（2018年3月6日閲覧）

第9章　不安なく生きる権利

はやと先生　みらいさんは、学校を卒業したあとはどうしますか？

みらいさん　もちろん幼稚園か保育園で保育者として働きたいと思っています。

はやと先生　経済的にも自立して社会人となるわけですね。でも、もし病気やケガで働けなくなったらどうする？　収入が途絶えてしまいますし、治療費だってかかりますよね。

みらいさん　そういう時のために、健康保険があるのではないでしょうか。今は学生だから親の保険に入ってますけど、働き出したら自分で保険料を納めるんですよね。

はやと先生　そのとおりです。人は病気やケガの他にも、失業だったり、介護が必要になったりと、社会生活に支障があるような様々なリスクを抱えています。そのようなリスクに備えるための保険が社会保険です。これは民間の保険と違って、国や事業者、そして国民一人ひとりがお金を出し合って、もしもの時はみんなで支えるという制度です。さらに、生活そのものに行き詰まったときには、国が生活保護制度などのセーフティーネット（安全網）を整備して最低限度の生活を保障しています。

みらいさん　確か憲法第25条の「健康で文化的な最低限度の生活」の保障ですね。この条文は高校までの間に社会科の授業で学びました。

はやと先生　さすがみらいさん。よく覚えていましたね。さらに憲法第25条の第2項には、国は社会福祉や社会保障、公衆衛生の向上に努めるよう定めています。これら国民の権利を「生存権」といって、社会生活を営む上で何か問題や不都合なことが起きても、最低限生活が成立するよう、この条文で私たちは守られているといえます。

みらいさん　日本で暮らしている限り、私たちは憲法の保障する範囲で不安なく暮らしていけるわけですね。でも、生活に不安がまったくないというわけでもないような気がしますけど。

はやと先生　「最低限度の生活」の水準というのは、明確な判断基準で線引きできるわけではないですからね。実際、生存権がどの水準で保障されるのかは、様々な裁判を通して争われてきた歴史もあります。そういった過程もふまえて生存権を学んでいきましょう。

1 社会権と生存権の関係

① 社会権が登場した歴史的経緯

▼資本主義経済の発展と貧困の広がり

　イギリスでいち早く起こった産業革命によって、資本主義経済が形成されていき、国民の大多数は、建物や機械などの生産設備を所有する資本家に雇用されて賃金で生活を成り立たせる労働者として生きることになりました。

　資本家は利潤を追求するため、労働者を低賃金で雇用し、不衛生な生活環境での長時間労働を強い、不況になると解雇しました。そのため、労働者やその家族の生活は病気や失業と隣り合わせのものとなり、貧富の差も拡大しました。

▼労働者の実態と貧困の原因

　各国で市民革命に続いて憲法が制定される際に最も重要だとされた価値観は「自由と平等」であり、国家が国民の生活になるべく介入しないことによって自由権を保障することが重要だと考えられてきました。そして、経済活動の自由が保障されたことで、資本主義経済が大きく発展しました。しかし、その結果、貧困に陥った労働者には、自由も平等もないのと同じである（飢えたくなければ劣悪な条件での雇用を選ぶ「自由」しかない）ことが明らかになりました。

　また貧困は、当初は個人の責任と考えられていましたが、19世紀末にイギリスで行われた貧困調査によって、貧困の大きな原因は不安定雇用や低賃金であって、社会的な問題であるということが実証されました。

▼社会権の考え方の登場

　そこで、貧困に陥った多数の人にも人間に値する生存を保障し、自由と平等を実質化するため、国家による介入が必要とされるようになりました。国によって違いはありますが、国家による労働条件の規制とともに、失業や加齢、障害、仕事上でのケガや病気などに備える社会保険制度を中心とする社会保障制度が徐々に整備されていきました。

　ドイツのワイマール憲法（1919年）は、世界ではじめて、すべての国民に「人たるに値する生活」つまり社会権を保障することを国家の義務としました。

② 社会権のなかでの生存権の位置づけ

　日本国憲法は、ワイマール憲法の影響を受け、第25条から第28条に社会権の規定を置き、国民に人間らしく生きていく権利を認め、その権利の実現のために国家が積極的に努力すべきことを定めています。

　すなわち、まず第25条ではすべての国民に人間らしく生きることを権利として保障しており、これが社会権のなかの総則的な規定となっています。

　日本国憲法も資本主義経済を前提としていますから、国民の大多数を占める労働者が人間らしく生きていくためには、適切な労働条件の下での雇用の機会と適切な賃金が必要となります。そこで、第27条・第28条では、勤労の権利と労働基本権を保障しています。しかし、人間は、失業、疾病、障害や老齢などのために労働ができなくなることがあります。そのような場合であっても、誰もが人間らしく生きることが可能となるよう、第25条は第27条・第28条に先立って、すべての国民に生存権を保障し、社会保障制度の整備を国に求めているのです。

　また、人間が人間らしく生きていくためには教育が必要ですので、第26条では、家庭が貧しくても誰もが普通教育を受けられる機会を保障しています。

2 生存権はどのように具体化されているか

① 社会保障制度とは

　憲法第25条2項は、「国は、すべての生活部面について、社会福祉、社会保障及び公衆衛生の向上及び増進に努めなければならない」としています。この条文でいう「社会保障」は、社会保険や公的扶助のことを指していますが、後には「社会保障」は、社会福祉や公衆衛生を含む、公的な生活保障制度全体を指す言葉となっていきました。

　そのきっかけは、1950（昭和25）年の「社会保障制度審議会勧告」でした。この勧告は、「いわゆる社会保障制度とは、疾病、負傷、分娩、廃疾、死亡、老齢、失業、多子その他困窮の原因に対し、保険的方法又は直接公の負担において経済保障の途を講じ、生活困窮に陥った者に対しては、国家扶助によって最低限度の生活を保障するとともに、公衆衛生及び社会福祉の向上を図り、もってすべての国民が文化的社会の成員たるに値する生活を営むことができるようにすることをいうのである」としています。

② 社会保険

社会保障制度の中心的な制度は、社会保険です。社会保険には、被用者保険制度（雇用保険、労災保険、健康保険、年金保険など）とそれを補う国民健康保険や国民年金保険の制度があります。

社会保険は、失業・労災・傷病・老齢のような、多くの人が陥る可能性のある一定のリスクが現実化したときに、定型的な給付を行って、貧困状態に陥ることを防止する制度です（防貧的機能）。財源は、事業主および被保険者の拠出金（保険料）ですが、国家の制度として国も拠出を行っています。

③ 公的扶助

社会保険制度では、被保険者の資格があり、保険料を納めていることが給付の条件とされます。そのため、働き方が安定していなかったり、保険料を負担できなかったりして、社会保険から漏れる人が必ず出てきます。

そこで、国が定める最低生活保障水準以下の貧困に陥った人に対しては、公的扶助制度（日本の場合は、生活保護制度）が用意されています。

公的扶助は、貧困の原因を問わずに、その人の資産や所得では足りない部分について、個別的な給付を行うことによって生活を保障する制度です（救貧的機能）。財源は国と地方自治体の負担です。

④ 社会福祉

前述の「社会保障制度審議会勧告」では、社会福祉は「国家扶助の適用を受けている者、身体障害者、児童、その他援護育成を要する者が、自立してその能力を発揮できるよう、必要な生活指導、更生補導、その他の援護育成を行うことをいうのである」とされています。

社会福祉は、上記の勧告の後、徐々に範囲を広げて整備されていき、現在では、子ども、女性、高齢者、障害児・者に対するサービスが主なものとなっています。保育も、社会福祉の一環です。

3 憲法第25条1項の法規範性

① 第25条1項の法規範性に関する学説

▼問題の所在

第25条1項は、「すべて国民は、健康で文化的な最低限度の生活を営む権利を有する」と定めています。この権利の法的性格をめぐって、憲法制定当初から、さまざまな議論がなされてきました。

すなわち、第25条1項があるだけでは、行政がどのような場合にどのような給付を行って国民の生活を保障すべきかが明確になっていません。そのため、給付の要件や具体的な金額・サービスなどを定める法律が存在しないときには、国民が行政に対して、直接、第25条1項に基づいて具体的な給付を行うことを請求することはできないと考えられています。この点については学説の争いはありません。

では、国民は、そのような法律がない、または、法律があったとしても内容が不十分である場合、そのことが第25条1項に違反するとして、訴訟を起こして国の責任を問うことはできないのでしょうか。

▼3つの学説

大きく分けて3つの学説があります。1つ目のプログラム規定説は、第25条1項は単なるプログラム（政治的な目標）であり、国が第25条1項を具体化する法律を制定しなかったとしても、政治的責任を問われるだけで法的な責任は生じず、したがって、訴訟で争うことはできないとする説です。

2つ目の抽象的権利説は、第25条1項は、国民が国に対して立法などの措置をとるよう要求する権利を認めているとする説です。この説は、第25条第1項を具体化する法律の存在を前提として、その法律の内容が不十分であるときには、第25条1項に違反することを理由に訴訟を起こすことができるとしています。

3つ目の具体的権利説は、第25条1項を具体化する法律が存在しないときに、国民は、国が立法をしないこと（立法不作為）が第25条1項に違反することを確認する訴訟を起こすことができるとする説です。

初期にはプログラム規定説が有力でしたが、次に述べる朝日訴訟や堀木訴訟の最高裁判決をふまえ、現在では、抽象的権利説が有力となっています。

② 朝日訴訟

▼事案

　岡山県内の療養所に結核のため入院していた朝日茂さんは、生活保護を受けていました。生活保護の内容は、医療扶助と、入院中のこまごまとした経費を賄う生活扶助（入院患者日用品費）でしたが、この日用品費は月600円という極めて低い基準でした（下着のシャツが2年で1枚、パンツが1年に1枚、足袋が1年に1足買えるなどと計算されて定められていました）。

　朝日さんは、実兄と35年間音信不通でしたが、ある日、福祉事務所が、終戦後に満州から帰国した実兄を捜し当て、朝日さんへの仕送りを依頼しました。実兄は、妻と4人の子を抱えて苦しい暮らしでしたが、朝日さんに1か月1,500円の仕送りをすることになりました。

　生活保護制度では、資産や収入があれば、まずそれを活用して生活することになっていますので（補足性の原理）、福祉事務所長は、日用品費の支給を打ち切り、仕送り1,500円のうち600円を日用品費として朝日さんの手元に残し、あとの900円はすべて医療費の一部自己負担額にあてることを決定しました。そのため、仕送りにもかかわらず、朝日さんの生活費はそれまでと全く変わらないことになりました。

▼審査請求

　生活保護の決定については、簡易・迅速な救済のため、訴訟の前に、まず行政に対して審査請求をする仕組みとなっています。

　朝日さんは、病状が重く、療養所の給食に加えて栄養補給のため補食をする必要があるので、日用品費は厚生大臣（当時）の決めた600円の生活保護基準では足りず、医療費の自己負担分と決定された900円から補食費を差し引くべきだとして、岡山県知事に対して審査請求を行いましたが、却下されました。厚生大臣に対して行った再審査請求も却下されたため、1957（昭和32）年、朝日さんはこの却下処分の取り消しを求め、国を被告として訴訟を起こしました。

▼一審判決

　1960（昭和35）年、一審の東京地裁は、朝日さんの請求を認める判決を出しました。

　判決は、「健康で文化的な生活水準」の内容は「通常は絶えず進展向上しつつあると考えられるが」、「特定の国における特定の時点においては一応客観的に決定すべきものであり、またしうるものである」としました。また、最低限度の生活水準の判定においては「その時々の国の予算の配分によって

第9章　不安なく生きる権利

左右さるべきものではない」としています。

　そして、「健康で文化的な生活水準」を維持することができる程度の保護の保障に欠けるような基準は憲法第25条の理念をみたさないものであって無効であるとし、重症の結核患者の生活実態を細かく認定して日用品費の600円という基準は健康で文化的な生活水準を維持するには足りず、違法であるとしました。

　国はこの判決を不服として控訴しました。

▼控訴審判決

　控訴審の東京高裁は、1963（昭和38）年、朝日さんを敗訴させる判決を出しました。

　判決は、保護基準の具体的な決定は厚生大臣に委ねられ、基準の設定がある範囲内で行われる限り、当不当の問題が生じるだけであって、その範囲を超えたことが論証されない限り、違法とはならないとしました。そして、当時、日用品費は月670円程度が相当と考えられるが、月600円という基準は約1割不足しているに過ぎず、違法と断定することはできないとしました。

　朝日さんはこの判決を不服として上告しました。

▼上告審判決

　朝日さんは、上告後の1964（昭和39）年、病状が悪化して亡くなりました。亡くなる前に朝日さんの養子となった朝日健二・君子夫妻が訴訟承継を主張しましたが、最高裁は、1967（昭和42）年、朝日茂さんの死亡により訴訟は終結したと宣言しました。生活保護の受給権は一身専属的[*1]なものであり、相続の対象となりえないというのがその理由でした。

　さらに、「なお、念のため」として、「何が健康で文化的な最低限度の生活であるかの認定判断は、いちおう、厚生大臣の合目的的な裁量に委されており、その判断は、当不当の問題として政府の政治責任が問われることはあっても、直ちに違法の問題を生ずることはない。ただ、現実の生活条件を無視して著しく低い基準を設定する等憲法および生活保護法の趣旨・目的に反し、法律によって与えられた裁量権の限界をこえた場合または裁量権を逸脱した場合には、違法な行為として司法審査の対象となることをまぬかれない」[*2]と指摘しました。

▼朝日訴訟の社会的意義

　朝日さんは控訴審で敗訴し、上告審では訴訟終了を宣言されましたが、朝日さんが求めていた生活保護基準の引き上げは1957（昭和32）年から少しずつ実施され、一審判決後には大幅な引き上げがなされました。

　生存権は、生存権を具体化する法律や行政の決定等がなければ現実の国民

*1　権利や義務が特定人（この場合は朝日さん本人）に限定され、例え親族であっても他の人に移転しない性質をいいます。

*2　このように厚生大臣が行きすぎた決定をすれば、違法の問題が生じうるとしていることから、最高裁は純然たるプログラム規定説に立ったものではないとする評価が一般的です。後述の堀木訴訟上告審判決についても同様のことがいえます。

の生活を保障することはできないという性質をもっていますが、もし「国民は、法律や行政の決定で決まったものをただ受け取るだけで、それ以上のことを望むべきではない」というのであれば、権利とはいえず、恩恵と変わらないものになるでしょう。朝日訴訟は、生存権を具体化する法律や行政の決定が不十分なときには、訴訟で争うことによって権利を実現する必要性や可能性があることを、広く世に示した訴訟だったといえます。

③ 堀木訴訟

▼事案

堀木フミ子さんは全盲の視覚障害者で、離婚後、あんま（マッサージ）の仕事などをしながら二男を養育していました。母子家庭の児童などを対象に支給される児童扶養手当制度がはじまったのは1962（昭和37）年でしたが、堀木さんは1967（昭和42）年にこの制度を知り、兵庫県知事に対して児童扶養手当の認定請求をしました。

しかし、堀木さん自身が障害福祉年金を受給しており、児童扶養手当法では併給を禁止しているとして、認定請求は却下されました。堀木さんが兵庫県知事に対して異議申立て[*3]をしたところ、同様の理由で却下されました。

当時の規定でも「全盲の父と健常者の母と子ども」の世帯であれば、父には障害福祉年金、母には児童扶養手当が支給されることとなっていました。それに対し、母子家庭で母自身が障害福祉年金を受給している場合には児童扶養手当が支給されないというのは憲法第14条1項違反であり、また、併給禁止は母に障害のある母子世帯という、二重の負担を負った世帯の生活実態を無視するものであって、第25条2項違反であるとして、堀木さんは兵庫県知事を被告として訴訟を起こしました。

▼一審判決

一審の神戸地裁は、1972（昭和47）年、堀木さんの請求を認める判決を出しました。

判決は、「原告のように、全盲の視覚障害者であつて、児童を養育している母子世帯の母が、現在の社会経済事情下において、如何に貧困にして、苦難に満ち、同情せざるを得ないものであるかは、自ら明らかであつて、何ら論を俟たないところである」とし、併給禁止の条項が、障害福祉年金を受給している母を、①障害福祉年金を受給している父と性別において、②障害者でない女性と社会的身分に類する地位において、合理的な理由なく差別するものであって、憲法第14条1項に反するとしました。

*3 「異議申立て」も、審査請求と同様、訴訟の前に行政に対して行う不服申立ての手続きですが、2014（平成26）年の行政不服審査法改正によって、異議申立ての制度はなくなり、現在では、行政に対して行う不服申立ては審査請求に一本化されています。

兵庫県知事は、この判決を不服として控訴しました。

▼控訴審判決

控訴審の大阪高裁は、1975（昭和50）年、堀木さんを敗訴させる判決を出しました。判決は、憲法第25条1項と2項を二分し、1項は国の救貧施策をなすべき責務を、2項は国の防貧施策をなすべき努力義務を定めたものであり、防貧施策についてどのような立法をするかは立法府の広い裁量に委ねられるとしました。そして、児童扶養手当制度は防貧施策であって2項の問題であり、障害と母子世帯という2つの事故によって稼得能力がそれぞれに応じて低下するというものではないから、併給禁止規定には合理性があり、2項には違反しないとしました。

また、財源の公平・効率的な利用のため併給を禁止することには合理的な理由があるとして、第14条1項にも反しないとしました。

堀木さんは、この判決を不服として上告しました。

▼上告審判決

最高裁も、1976（昭和51）年、堀木さんを敗訴させる判決を出しました。判決は、憲法第25条1項と2項を分離する立場はとりませんでしたが、第25条全体について、これらの規定の趣旨にこたえて「具体的にどのような立法措置を講ずるかの選択決定は、立法府の広い裁量にゆだねられており、それが著しく合理性を欠き明らかに裁量の逸脱・濫用と見ざるをえないような場合を除き、裁判所が審査判断するのに適しない事柄であるといわなければならない」としました。その上で、併給調整を行うかどうかも立法府の裁量の範囲に属するとしました。

また、社会保障立法が何ら合理的理由のない不当な差別的取り扱いをしているときは、第14条違反の問題が生じるが、本件はそのような場合にはあたらず、第14条1項違反とはいえないとしました。

▼堀木訴訟の社会的意義

堀木さんは控訴審・上告審判決では敗訴しましたが、1973（昭和48）年、児童扶養手当法は一部改正され、児童扶養手当は、障害福祉年金との併給、老齢福祉年金との併給が可能になりました。

また、この訴訟は障害がある人が当事者となり、また傍聴を行いました。そのため、法廷で毎回、口頭で詳しく主張内容が述べられ、車いすでの傍聴、盲導犬の入廷、傍聴者のための手話通訳がはじめて認められるなど、障害者が裁判をする権利を手続の面で実現させた意義があったと指摘されています。

他方、上告審判決のいう、社会保障立法についての立法府の広い裁量は、その後の社会保障裁判で度々引用され、これが国民側の敗訴判決につながっ

ている面もあります。

確認テスト

① 憲法第25条1項の規定は国に生存権を保障する施策を行う政治的責任を定めたにすぎないという学説を、＿＿＿＿＿＿＿＿＿説という。
② 朝日訴訟の上告審判決では、生活保護基準の設定は厚生大臣の裁量に委ねられており、訴訟で違法とされることは全くないとの立場を＿＿＿＿＿＿＿。
③ 堀木訴訟で主に問題となった憲法上の条文は、憲法第＿＿＿条と第＿＿＿条＿＿＿項である。

（解答は188ページ、またはQRコードを読み取り）

考えてみよう

> ① あなたは、貧困の原因や、貧困に誰がどのように対処すべきかについて、今までどのような理解をしていましたか？　また、この章で学んで新たな気づきや理解に変化はありましたか？
> ② 現在、「子どもの貧困」は6人に1人ともいわれ、子どもの健やかな育ちに様々な影響を及ぼしているとされます。子どもの貧困やそれにともなう悪影響を緩和するために、国や自治体は何をすべきでしょうか？　また、児童福祉を担う保育所や認定こども園の保育士として、できることは何があるでしょうか？

【参考文献】
新井章『体験的憲法裁判史』岩波書店　1992年
井上英夫・藤原精吾・鈴木勉・井上義治・井口克郎編『社会保障レボリューション―いのちの砦・社会保障裁判―』高菅出版　2017年

コラム
老齢加算・母子加算訴訟、生活保護基準引き下げ訴訟

　朝日訴訟は、厚生大臣の決めた生活保護基準が「低すぎる」として起こされた訴訟でしたが、2000年代に入って、生活保護基準が「引き下げられた」ことに対して訴訟が起こされました。それまで約40年間にわたって、生活保護を受給している70歳以上の高齢者に計上されていた老齢加算が2004（平成16）年から2006（平成18）年にかけて減額・廃止されたこと、また、ひとり親世帯に計上されていた母子加算が2005（平成17）年から2009（平成21）年にかけて減額・廃止されたことに対し、全国8地裁で約100人が原告となって起こした訴訟です。

　東京地裁を一審として起こされた訴訟の最高裁判決では、堀木訴訟最高裁判決を参照し、健康で文化的な最低限度の生活を保護基準という形で具体化するには高度の専門技術的な考察と判断を必要とするとして厚生労働大臣の裁量を広く認めました。その上で、厚生労働大臣の判断の過程や手続きに誤りや漏れがあるとか、保護受給者の生活が激変することへの配慮の観点から裁量権の範囲の逸脱・濫用として違法となる場合がありうるとしました。しかし、結論としては、これらの観点からみても厚生労働大臣の判断に裁量権の範囲の逸脱・濫用はなく、違法や違憲とはいえないとしています。他の7地裁ではじまった裁判もすべて最高裁判決まで出ていますが、ほぼ同様の結論となりました。なお、母子加算については、2009（平成21）年に政治決着がはかられ、同年12月に復活しました。

　その後、2013（平成25）年8月から2015（平成27）年4月にかけ、生活扶助基準（食費・被服費や光熱水費にあたる部分）が、平均6.5％、最大で10％引き下げられました。そこで、2014（平成26）年以降、全国各地で1,000人近くの保護受給者が原告となって引き下げは違憲・違法だとする訴訟を起こしており、裁判所の判断が注目されます。それとともに、生活保護基準を厚生労働大臣が決定する仕組みが妥当なのか、決定の手続きや方法に改善の余地はないのかといったことは、改めて検討すべき問題なのではないでしょうか。

第10章　教育を受ける権利と義務

はやと先生　ここでは、憲法第26条の「教育を受ける権利」について学んでいこう。この条文で最初に書かれているのは「すべて国民は、法律の定めるところにより、その能力に応じて、ひとしく教育を受ける権利を有する」となっています。この部分をみらいさんはどう捉えるかな？

みらいさん　この国に生まれた子どもは、誰もが学ぶ権利をもっているということですよね。私が小学校や中学校に通ったように。

はやと先生　そうですね。もし、この条文がなければ、教育を受ける機会がないままに大人になってしまう人も出てきます。すると、字が読めなかったり、計算ができなかったりすれば、就ける仕事の範囲が狭くなったり、社会生活にも支障がありますよね。レストランに入ってメニューが読めなければ注文もできません。だから憲法では国民一人ひとりに学習権を保障しているのです。

みらいさん　普通に字が読めて当たり前と思っていましたが、確かに学校で習わなければメニューを読めないどころか、標識や看板もわからなくって困ってしまいます。まるで外国にいるような感じですね。

はやと先生　「外国にいるよう」とは、わかりやすい例えですね。それでは、第2項には何と書いてあるかな。

みらいさん　「すべて国民は、法律の定めるところにより、その保護する子女に普通教育を受けさせる義務を負う。義務教育は、これを無償とする」です。こちらは教育を受けるのは義務としているんですね。

はやと先生　最初に権利として「学習権」を保障し、一方で親や保護者には子どもに教育を受けさせなければならないとしているのです。この権利と義務によって学習権が保障されているのです。そして、親や保護者だけでは教育を受ける環境をつくることはできないので、国にも責任があると考えられていて、国は義務教育を無償で提供しなければならないとしているのです。

みらいさん　なるほど。親が子どもに「勉強しろ！」というのも親の義務だからなんですね（笑）

はやと先生　そこは、立派に成長して欲しいと願う親の愛情と受け取って欲しいですね。では、授業をはじめましょう。

1 教育を受ける権利と義務

① 教育を受ける権利の性格

▼教育を受ける権利と義務教育

　日本国憲法には、第26条で教育を受ける権利が保障されています。この条文をどう解釈するかについてはいくつかの論点があります。第26条1項には個人個人に教育を受けることを強制する意味での「義務教育」に関する文言は見当たりません。しかし、現代に暮らす私たちは6歳になった年から小学校に6年間通い、その後中学校3年間を含めた計9年間を小中学校、またはそれに相当する学校に通学することを義務として課せられています。この教育を受ける権利と義務の関係をどのように考えればよいのでしょうか。

　この問題を考えるときに関係するのが、民法第820条にある親権に関する規定です。この条文では、「親権を行う者は、子の利益のために子の監護及び教育をする権利を有し、義務を負う」と子どもに教育を受けさせる義務を負うのは親権者であると規定されています。

　現代社会においては、親権者自らが、自身の子どもに、個人で必要かつ十分な教育を行うことは現実的に不可能ですから、学校という制度があるわけです。つまり、国によって組織化された公教育を介して子どもに教育を受けさせる権利が保障されることとなっています。

　では、具体的にはどのような教育がなされるのでしょうか。憲法第26条2項には、国民（親権者は「保護する子女に対し」）普通教育を受けさせることと、義務教育は無償となることが規定されていますが、非常に抽象的です。そこで、教育基本法や学校教育法といった、この教育を受ける権利を具体化している法律を読んでいくと、それがどのように保障されているのかを把握することができます。

▼学習権の保障

　そもそも、学校教育は、国民の一人ひとりが自らの能力を開花させながら人格を形成していく過程であり、将来の主権者として必要な知識や技能を身につけるための機会としての役割も果たしています。したがって、教育を受ける権利は、直接的には憲法第26条の教育を受ける権利に基づいて保障されるわけですが、幸福追求権を規定した第13条や生存権を規定した第25条などについても、教育を受ける権利がそれらを保障するために関係する条文だと考えるのが学説では有力です。そして、特に重要なのは、この条文によって

学習権が保障されていると考えられている点です。この学習権という考え方が戦後の日本で登場するのは1960年代後半のことでした。これは、教育を受ける権利とは、単に適切な教育の提供を求める権利というだけでなく、子どもが成長し、その能力を開花させるために必要な学習の条件を要求する権利として捉えられるようになったことを意味するものです。この学習権という考え方については、最高裁も、旭川学力テスト事件判決（第7章参照）において、第26条の教育を受ける権利は「国民各自が、一個の人間として、また、一市民として、成長、発達し、自己の人格を完成、実現するために必要な学習をする固有の権利を有する」として、この学習権が保障されているという立場を示しています。

② 「能力に応じて、ひとしく」の意味

　教育を受ける権利を保障した憲法第26条の条文をめぐっては、次のような論点があります。一つは、1項で規定されている「能力に応じて、ひとしく」をどのような意味で解釈すべきかという問題です。憲法の学説では、それが、単に個人の学力等に応じてという趣旨ではなく、発達の状況が異なる子どもそれぞれの発達段階に応じた教育を受ける権利を保障したものと解釈されています。

　まず、第26条1項で定められた「ひとしく」の意味については、教育基本法第4条に定められている教育上の差別禁止事由から考えることができます。教育基本法では、人種、信条、性別、社会的身分、経済的地位または門地などによって差別することを禁止しています。したがって、教育を受ける能力とは関係しない経済的能力等による選別を行うことは禁じるもので、入学試験にあたって学力試験を課すことなどによる選別は許されるといったように学力を意味するものと考えてよいでしょう。また、その文言の前に、「能力に応じて」という文言がついている点がもう一つの論点となりますが、これは、子どもの発達段階に応じて緩やかな発達の子どもに対してはより手厚い教育の保障が求められるといったように解釈することができます。

　この点に関係して過去に争われた裁判としては、学力面では合格ラインに達していた筋ジストロフィーという障害を有する受験者が、その障害を理由として下された高校の入学不許可処分が有効かどうか争われた事件があります。裁判所は、教育目的を実現するための見地から入学を許可するかどうかは校長の裁量に委ねられるものの、生徒の中学での学修の状況から修学の見通しは立つこと等を理由に入学不許可処分の取り消しを命じました[*1]。

＊1　尼崎高校入学不許可事件
神戸地判平成4年3月13日。

子どもの教育を受ける権利を保障するためには、国は単に教育のプログラムを整備すればよいというだけではありません。その子どもの「能力」はそれぞれの発達段階に応じて異なるという点にも着目する必要があると考えるならば、「能力に応じて、ひとしく」のもう一つの意味として、子どもそれぞれの発達段階に応じた教育が保障されるという意味を含むものだと考えられます。そのように考えるならば、心身にあるいは障害のある子どもに対しては、より手厚い条件の整備を行うことを要請することができると解釈することができます。

2　教育を受ける権利を保障する法体系

① 憲法と教育基本法

　憲法第26条で保障された教育を受ける権利を具体的に保障しているのは、教育基本法、学校教育法といった法律です。特に、日本国憲法と並行して制定された教育基本法は、教育憲法ともいうべき位置づけで制定されたという背景から、他の法律とは異なる「準憲法的性格」を有すると主張する学説もあります。また、教育基本法が憲法の教育を受ける権利に関する条文を補完するものとして議論されてきたという制定の経緯から、教育を受ける権利を保障する法体系は、憲法＝教育基本法体制などとして説明されることもあります。確かに準憲法的性格を有するとしても、教育基本法は憲法のように他の法律に対しての規範力（教育基本法の内容に反する法律を無効とする力）をもつわけではありません。しかし、憲法の教育に関する条項を具体化し、教育に関連する法律の指針として位置づけられるという教育基本法の性格を押さえておくことは重要だといえるでしょう。

② 教育を受ける権利の具体化

　日本国憲法は国内の最高規範であり、教育基本法をはじめとする教育に関連する法令は、憲法の教育条項を具体化したものでなければなりません。つまり、法の段階構造上（図10－1）上位に位置する憲法の内容に反する場合、その法律以下の法令は無効となります。この場合の論点として、法律の条文の内容が憲法の具体化なのか、矛盾なのかをめぐっていくつかの論点があります。

図10−1　法の段階構造

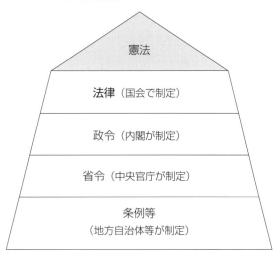

▼**義務教育の無償はどこまでかという問題**

　そうした問題の一つとして、義務教育の無償制の範囲をめぐる問題があげられます。憲法第26条2項は義務教育を無償とすることを規定していますが、教育基本法第5条4項では義務教育において無償となるのは授業料だけであると規定しているためです。このことから、給食費や教材費等、授業料以外の経費を保護者から徴収することは第26条の趣旨に反するのではないかという点が問題となります。

　実は、この点については、1964（昭和39）年にすでに最高裁の見解が示されており、「無償とは授業料の不徴収の意味と解するのが相当」とし、修学に関する他の費用（教科書代金、教材費、学用品等、教育に必要な一切の費用）については「国の財政等の事情を考慮して立法政策の問題として解決すべき事柄であつて、憲法の前記法条の規定するところではない」という判断を示し、第26条2項の規定は授業料以外の費用の不徴収までを要請するものではないとの判決が下されました[2]。

＊2　義務教育費負担請求事件
最大判昭和39年2月26日。

　学説でも、義務教育の無償の範囲に関しては、教育基本法の規定が憲法の趣旨を具体化したものであるとする「授業料無償説」が有力です。しかし、子どもが親の経済的な格差に関係なく、可能な限り同じスタートラインに立てる教育環境を整備する必要があるとの立場から、第26条2項は、授業料だけでなく、義務教育期間に学校で修学するために必要なすべての費用を無償とすることを要請しているとする「修学費無償説」を主張する学説もあります。

　教育社会学の観点からは、親の経済的な格差が子どもの学力格差に比例す

るというデータも示されており、教育の機会均等の実現が求められるという観点からも、教育にかかる親の負担を軽減することは重要な政策のテーマといえるでしょう。近年では、公立高等学校の事実上の授業料無償化の他、児童手当の拡充などによって、教育の無償化が図られているところです。

▼宗教教育と政教分離

　もう一つ、憲法と教育基本法の関係に関しての論点をみておきましょう。政教分離原則（政治と宗教の分離の原則）を前提とする日本では、憲法第20条3項において、国およびその機関（国公立学校）が宗教教育を行うことを禁じています。その一方で、教育基本法第15条2項では、国公立学校において「特定の宗教のための」宗教教育を禁じているのです。つまり、特定の宗教のためではない、宗教に関する一般的な知識に関する教育等を学校で行うことは許されるのかどうかが問題となります。

　この問題について直接裁判で争われたことはありませんが、学説では、義務教育に関する条文の解釈と同様に、教育基本法の条項が日本国憲法の趣旨を具体化しているものとして解釈する説が有力です。つまり、特定宗教のためではない宗教一般に関する知識等に関する教育を国公立学校で行うことは許されるものと解釈されています。

　この点について、学説のなかには、一般的知識や歴史学習として宗教を取り扱うとしても、つきつめればいずれかの宗教のための教育へと結びつくとの考え方から、あらゆる宗教教育に関して禁止するものと解釈するべきとの説も存在します。しかし、地理や歴史など、社会科教育において宗教に関するあらゆる事柄に触れずに教育を行うことは現実的には不可能だといえるでしょう。また、教育基本法に定められているように、宗教に関する寛容な態度を教育上尊重するためにも、特定宗教のためではない宗教に関する一般的な知識等を国公立の学校で取り扱うことまでをも禁じる趣旨ではないと解釈することが妥当です。

3　義務教育と幼児教育の無償化の問題

① 幼児期における学習権の保障

　先に述べたように、教育を受ける権利は、単に教育のプログラムを提供するというだけでなく、子ども個人の発達と学習の観点を踏まえた学習権として保障されるものです。そして、その保障は、人格形成の基礎を培う幼児期

にこそ、より手厚くなされなければならないといえるでしょう。幼児期における教育・保育から義務教育段階へと円滑な接続がなされることが、義務教育段階における教育の出発点となるはずであり、その意味において、教育基本法第11条では「幼児期の教育」の重要性が明記されています。この規定は、2006(平成18)年の教育基本法の改正によって新たに設けられた規定であり、幼児期における学習権保障の意義を改めて確認したものとみることができます。幼児期の学習権を保障することは、教育の機会均等を保障する観点からも重要です。

また教育基本法第4条1項では、憲法第14条には列挙されていない経済的地位による差別の禁止が規定されています。この点について、憲法の学説では、「国民が経済的事情のために現実に教育を受ける機会をもちえないことのないよう、国が積極的に措置を講ずる責務を有することを示したもの」[1]と説明されています。つまり、子どもの家計の状況によって子どもが教育を受ける機会を奪われる、もしくは、教育を受ける十分な環境が整わないといった状況を可能な限り回避することは国の責務だと考えられるのです。公平な学習環境を整備することが教育の機会均等を保障する観点から必要であり、義務教育の基礎を培う保育・幼児教育の機会の均等の保障が改めて問い直される必要があるものといえるでしょう。

② 教育を受ける権利と幼児教育の無償化

2017(平成29)年、政府は幼児教育の無償化の方針を打ち出し、2019年10月からの実現をめざすとしています*3。これは、前述した幼児期の学習権の保障を実現するための施策であるともいえるでしょう。

フランスの社会学者であるピエール・ブルデュー(P. Bourdieu)は、文化や教養といった文化資本を有する学生の親は高学歴であることが多く、その子どもも親の文化資本を相続して同じく高学歴になることを統計的に証明しました。親の社会階層は教育を介して子どもに連鎖することが多く、この現象を「文化的再生産」と呼んだことは保育・教育に関わる者としてぜひとも覚えておいて欲しい事柄です。

今日の日本でも「子どもの貧困」が社会問題としてクローズアップされるようになりました。公教育においてはこうした家庭環境の影響を教育上極力排除し、公平な学習環境を整備することこそが教育の機会均等を保障するために求められているものと考えられます。その意味でも、小学校以降の義務教育の基礎を培う保育・幼児教育の機会の均等を保障することは意義のある

*3 認可された幼稚園や保育所、認定こども園に通う際の費用を無償とするほか、平成30年6月に示された「骨太方針」では、これらに加え、認可外保育施設の無償化の拡大や、住民税非課税世帯の0～2歳児の保育無償化について示されています。

ことだと考えられます。

4 まとめ

　この章では、保育・幼児教育にも直接関わる教育を受ける権利についてみてきました。憲法第26条の「能力に応じて、ひとしく」という文言だけを見てみると、能力（学力等）のある者には教育の機会が保障されるというようにも読み取れますが、憲法の学説では、それは子どもの発達段階に応じた教育を意味するものだと考えられています。つまり、子どもの発達の状況は個人によって異なり、憲法は、その子どもの状況に応じて、場合によってはより手厚く教育を受ける機会を保障しなければならないといったように解釈する必要があります。

　第26条が規定している義務教育の無償化についても、最高裁の判例では、教育基本法が規定するように、それが授業料に限定されるものだとの判断が示されています。このことは、国は義務教育の国公立学校については授業料を徴収することを禁じるものであり、それ以外の修学に必要な費用を無償化するかどうかは、財政等の事情を勘案して、国会が個別に判断すべきとの判断であることを押さえておくことも重要です。また近年では、高等学校の授業の無償化や、保育・幼児教育の無償化に関する施策の議論も活発となっています。こうした教育の無償化は、子どもの教育を受ける機会を保障するという点で保育者・教員にとっても見過ごすことのできない政策の転換点といえるでしょう。保育者・教員をめざす皆さんは、教育に関するニュースにも目を配り、今後の政策の動きにも注意を払うよう心掛けてみましょう。

確認テスト

① 憲法第26条の教育を受ける権利は、単に教育の提供を求める権利というだけでなく、子どもが成長し、その能力を開花させるために必要な_____権を保障する規定だと考えられている。

② 憲法第26条の「ひとしく」の意味をめぐってどのような差別が禁止されるかについては、教育基本法第4条において、人種、信条、性別、社会的身分、_____または門地などによる差別の禁止が規定されている。

③ 憲法第26条の義務教育の無償の範囲をめぐって、学説には、授業料無償説と_____が対立しているが、最高裁判所は授業料無償説の立

第10章 教育を受ける権利と義務

場を採用している。

（解答は188ページ、または QR コードを読み取り）

💡 考えてみよう

① 修学費（教材費、学用品等、教育に必要な一切の費用）を無償化することは教育の機会均等を保障することとどのように関係するのか（あるいは、しないのか）について考えてみましょう。

② 法の段階構造（図10－1）を踏まえて、学校に関係する法律や政令、省令としてどのようなものがあるかについて調べてみましょう。

【引用文献】
1）佐藤功『憲法（上）新版』有斐閣　1983年　pp.445-446

【参考文献】
内野正幸『教育の権利と自由』有斐閣　1994年
伊藤良高・大津尚志・永野典詞・荒井英治郎編『教育と法のフロンティア』晃洋書房　2015年
伊藤良高・宮﨑由紀子・香﨑智郁代・橋本一雄編『保育・幼児教育のフロンティア』晃洋書房　2018年

第11章　労働者の権利

はやと先生　ここでは、労働者の権利について学んでいきましょう。みらいさんも学校を卒業すれば働くことになりますから、労働に関する法律の知識やルールについて知っておくことは大事なことです。

みらいさん　最近ニュースで保育士の待遇のことが報道されていました。やはり働く側としても、どのような権利があって、どのように守られているか知らなければ、何か問題があっても気づかなかったり、我慢したりすることになりますから大事だと思います。

はやと先生　そうですね。まず、憲法第27条は「すべて国民は、勤労の権利を有し、義務を負う」と定めています。基本的には、この条文は勤労者＝労働者を劣悪な労働環境から守るための条文です。この条文を根拠に様々な法律で長時間労働や低賃金、働く環境、安全面など、使用者は労働者を一定の水準以下で働かせてはいけないという制約をかけています。

みらいさん　そういえば、労働者の権利として「労働三権」がありました。えっと、団結権と団体交渉権と……う〜ん、あと一つ。

はやと先生　争議権だね。ストライキなどをする権利です。これらは第28条に定められています。これはテストに出ますよ（笑）

みらいさん　そうでした！　労働者はこうした権利を使って会社などに労働条件を交渉できるわけですね。ところで、勤労の権利はわかるけど、義務でもあるんですね。

はやと先生　権利があれば義務もあるということです。確かに義務というと、絶対に働かなくてはならないみたいな意味に感じてしまいますが、これは、国から様々な社会保障を受けるためには、働く能力がある人は働いてくださいという意味です。働いて所得がある人は納税したり、社会保険料を支払いますね。これも義務です。だから困ったときには社会保障が受けられます。働けるのに働きもしないで、困ったときだけ、国に頼ってくるのはいけませんということです。

みらいさん　なるほど。それはそうですね。

はやと先生　何ごともやるべきことをやっていての権利ということです。

1 勤労の権利

① 社会権としての勤労権

19世紀から20世紀にかけ、ヨーロッパ諸国を中心に資本主義経済が発展していきます。そのなかで労働者は、雇い主である資本家（使用者）に対して社会的・経済的弱者であり、長時間労働や低賃金に苦しんでいました。そこで憲法は労働者を保護し、使用者との格差を是正して雇用の場における実質的平等を確保するため、社会権としての勤労権を保障するようになりました。

「国家からの自由」を意味する自由権に対し、社会権は、国家に対して特定の政策目標を積極的に求めていく権利です（「国家による自由」）。勤労権は、国家に対して労働の機会の提供を求め、それができない場合は、これに相当する生活費の支払いを請求する権利だと理解されています。

② 憲法第27条の性格と内容

日本国憲法は、「すべて国民は、勤労の権利を有し、義務を負う」とし、勤労権を保障しています（第27条１項）。もし、労働者の権利を守る法律が廃止されたり、逆にこれを侵害するような法律が成立されたりすれば、同条項により積極的に裁判で闘うことができるとされます。一方、使用者にとっては、労働者を不当に解雇することができなくなります。

また、賃金や就業時間、休息その他の労働条件に関する基準は「法律でこれを定める」（第27条２項）としています。こうした法律で最も重要なものは労働基準法ですが、ほかにも最低賃金法、労働者災害補償保険法、労働安全衛生法、雇用の分野における男女の均等な機会及び待遇の確保等に関する法律（男女雇用機会均等法）など、今日まで数多くの労働関係法令が定められています。

さらに、第27条３項は「児童は、これを酷使してはならない」として、児童労働（Child Labour）を禁止しています。1989年に国際連合が採択した「子どもの権利条約」では、18歳未満の子ども危険で有害な労働を禁止していますが、日本では労働基準法第56条で、義務教育課程が修了しない15歳未満の児童の労働を違法としています。

③ 労働条件の最低基準を定めた労働基準法

▼最低労働条件の法定主義

　労働基準法は、現実社会では劣位に立たされやすい労働者が、使用者と対等な関係で労働条件を決定すべきであること（第2条）、それは、両者の合意によっても変更できない基準であることを定めています（第1条2項）。このことにより、労働者は「人たるに値する生活」を営むことができ、労働を通して自己実現を果たすこともできると考えられます。

　使用者が労働者と労働契約を結ぶ場合、賃金や労働時間、労働契約の期間、就業の場所や従事すべき業務、休憩時間、休日、休暇、賃金の決定、支払い方法、支払い時期、退職に関する事項等の労働条件は「明示」される必要があります（第15条）。2008（平成20）年に労働契約法が施行され、労働契約の内容は「できる限り書面により確認する」ことになりました（第4条2項）。

　労働基準法は、正規・非正規を問わず、日本で働くすべての労働者に適用されます。もし、労働基準法を下回る就業規則や労働契約が締結されたり、合理的な理由なく不利益な労働条件の変更が行われたりすれば、そのような合意は法律上無効となります。

▼保育士・幼稚園教諭・保育教諭に多い変形労働時間制

　変形労働時間制は、労働基準法で定める労働時間を一定の単位期間で清算するもので、繁忙期に働く時間を長くして、閑散期には短くするなど、業務量の変動に対応できる制度として用いられます。基本的には「1日8時間」「1週40時間」を基準に労働時間を変更するものですが、これが適切に行われない場合、逆に労働者に負担を与えかねません。そこで妊産婦の場合は、たとえ変形労働時間制が取られていても、申し出があった場合に使用者は1日の法定労働時間を超える勤務に就かせてはいけません。

　一般に、保育所や幼稚園、認定こども園は、変形労働時間制を採用していることが多いとされています。この制度を導入する場合、様々な要件を満たす必要がありますが、対象期間における労働日数や労働時間には上限が設けられており、事業所内のルール（就業規則）に定めておくことが肝要です*1。労働者の健康が害されることのないよう、使用者には正しい運用が求められるのです。

*1　1年単位の場合、労働時間の1日の限度は10時間、1週間の限度は52時間で、1年あたり280日を超えてはいけません。また、使用者は少なくとも毎週1日の休日か4週間を通じて4日以上の休日を与えなければいけません（第35条）。したがって原則連続で労働できる日数は6日、特定期間連続で労働できる日数は1週間に1日の休日が確保できる日数です。

④ 働く者の権利が争われた裁判

▼女性労働者の定年退職差別を否定した「住友セメント事件」

契約自由の原則に基づく企業の採用の自由も、けっして無制限ではありません。「住友セメント事件」は、女性労働者だけを対象とした結婚退職制により、結婚を理由に解雇された女性職員が、会社を相手取り提訴した初めての事件でした。東京地裁は、こうした結婚退職制は性差別であり、結婚の自由をも制限するとして、民法第90条の公序良俗違反だと認め解雇無効と判断しました[*2]。その後、男女雇用機会均等法が1985（昭和60）年に制定され、募集・採用、昇進・配置等の差別を禁止規定とし（1997〈平成9〉年改正法）、間接差別も禁止しました（2006〈平成18〉年改正法）。

今日では、「企業の社会的責任」（CSR）にも関心が高まっていることから、労働者の権利保障は企業によるコンプライアンス（法令遵守）の要素として注目されています。

▼解雇権濫用法理と「高知放送事件」

使用者は、法律上の制約にしたがって労働者と雇用関係を締結しますが、労働者の解雇については、裁判所の判例の蓄積が国会に影響を与え、ルールが形成されました。これが解雇権濫用法理であり、現在、使用者の解雇は客観的合理的理由と社会通念上の相当性を欠く場合、権利を濫用したものとして無効とされます（労働契約法第16条）。アナウンサーが宿直勤務で寝過ごし、定時のラジオニュースを2回、計15分間放送することができず解雇された「高知放送事件」の最高裁判決[*3]で、この法理が適用されました[1]。

*2　東京地判昭和41年12月20日。

*3　最判昭和52年1月31日。

2　労働基本権

① 労働基本権の内容

社会権に属する労働基本権は、具体的権利であるとともに、労働者対使用者という私人間関係において直接適用されると考えられます。法律が定める労働条件は最低基準にすぎないことから、労働者が真に人間らしく生活できるようにするため、憲法第28条は労働者に団結権、団体交渉権、その他の団体行動権のいわゆる「労働三権」を保障しています。

▼団結権

労働者が労働条件を維持・改善するため、使用者と対等に交渉ができる団

体を結成し加入することです。労働組合の交渉力を低下させないため、労働者の採用時には組合への加入を条件とし、労働者が組合を脱退する時は使用者に解雇する義務を負わせる「ユニオン・ショップ協定」が、長らく正当化されてきました。

▼団体交渉権

労働組合が、使用者と対等な関係で労働条件の維持・改善を目的に交渉することです。

▼争議権（団体行動権）

「団体行動をする権利」のことを指し、一般的には争議行為を意味します。業務の正常な運営を阻害する行為であるため、どのような行為でも許されるわけではありません。ストライキ（罷業）、サボタージュ（怠業）、ピケッティング（スト破り等の監視）等が正当な争議行為とされています。

なお、使用者が、これらの権利を行使して業務に影響を与えたことを理由に労働者を解雇したり、不利益取扱いをしたりすることは、労働組合法第7条で禁止されています（不当労働行為の禁止）。

② 公務員の労働基本権の制約

憲法第28条の「勤労者」であっても、公務員については、私企業の社員に比べて労働基本権が大幅に制約されます。なかには、労働三権すべてが否定される場合もあります（警察職員、海上保安庁職員、刑事収容施設職員、消防職員、自衛隊員）。

▼公立保育士・幼稚園教諭・保育教諭の労働三権と代償措置

保育所や幼稚園、認定こども園で働く場合、その事業所が公立か私立かによって、認められる権利に違いが生じます。公立事業所で働く地方公務員となると、団結権は認められますが、団体交渉権は制約を受け、争議権は認められません（地方公務員法第52条3項、第55条2項、第37条1項）。

公務員が労働基本権を制約される代わりに、中立の第三者機関である人事院や人事委員会による給与勧告等の代償措置が講じられます。

▼全農林警職法事件

公務員の争議権の合憲性が争われた事件として、「全農林警職法事件」があります。全農林労働組合の役員らが、警察官職務執行法の一部改正法案に反対するため、農林省職員に対して争議行為をするよう煽ったことを理由に起訴されました。

最高裁は、公務員の「地位の特殊性」と「職務の公共性」を根拠に、必要

やむを得ない限度で公務員の労働基本権を制限することは、十分合理的理由があると判断しました[*4]。

*4 最大判昭和48年4月25日。

3 労働者の権利をめぐる最近の問題

① 様々なハラスメントと対策

▼セクハラ・マタハラ・パワハラ

アメリカにおけるセクシュアル・ハラスメント（セクハラ）の問題は、職場における女性の地位向上を阻害する「女性差別の問題」として扱われてきました。これに対し、日本では、労働者個人の人格権や性的自己決定権を侵害するものとして考えられてきました。

現行の男女雇用機会均等法第11条は、職場で行われる性的言動により労働者の労働条件や就業環境が害されることのないよう、使用者に必要な措置をとるよう定めています（措置義務）。また、セクハラの対象は男女双方とされ、各事業所では、雇用の場における平等原則の実現に向けた取り組みが進められています。

さらに、2015（平成27）年9月に「女性の職業生活における活躍の推進に関する法律」（女性活躍推進法）が成立し、使用者には、女性にとってより働きやすい職場づくりが求められるようになりました。具体的には、事業主が行動計画を策定し、セクハラやマタハラ（マタニティ・ハラスメント[*5]）対策を講じるよう求めています。また、近年相談件数が増えているパワハラ（パワー・ハラスメント[*6]）は人権侵害であり、個人が尊重される職場づくりがめざされるでしょう。

▼長時間・過重労働

2000（平成12）年3月の電通事件最高裁判決[*7]を機に、違法な長時間・過重労働が社会問題として注目を集めるようになりました。長時間・過重労働は、労働者を精神的にも肉体的にも追い詰め、過労死や過労自殺を引き起こすリスクを高めていきます。

こうした状況は、日本国憲法が保障する個人の尊厳（第13条）や、健康で文化的な最低限度の生活を営む権利（第25条）を侵害しているといえます。長時間労働についての明確な定義はありませんが、労働安全衛生規則では、時間外・休日労働時間が1か月あたり100時間を超え、かつ、疲労の蓄積が認められる労働者から申出があった場合、事業者は医師による面接指導を行

*5 妊娠・出産したことや産前産後休業又は育児休業等の申出をしたこと又は取得したことを理由とした、解雇その他不利益な取扱いや、上司や同僚による嫌がらせ。

*6 職務上の地位や職場内の優位性を背景に、業務の適正な範囲を超えて、精神的・身体的苦痛を与える行為や職場環境を悪化させる行為（平成24年1月30日厚生労働省発表）。

*7 最判平成12年3月24日。

うことを義務づけています*8。

▼「多様な働き方」が求めた労働契約法

今日、様々な雇用形態が登場し、労働者の労働条件も個々に決定・変更されるようになってきました。これにともない、労働契約の内容をめぐって、労働者が訴えを提起することが増えてきました。2008（平成20）年、労働契約に関する基本的理念や共通のルールを定める労働契約法が制定され、労働者の保護を図りながら、労働関係上のトラブルを防止することが期待されています。

*8 1か月あたり80時間を超える労働者からの申出の場合、医師の面接指導は努力義務となっています。

② 「ディーセント・ワーク」（尊厳ある労働）の必要性

「ディーセント・ワーク」（DW = Decent Work）とは、1999年6月のILO（国際労働機関）報告で、9代目事務局長フアン・ソマビア（J. Somavia）が打ち出したスローガンです。

ILOの最終目標は、「すべての男性と女性が、自由、公正、保障そして人間の尊厳という条件が満たされたディーセントで生産的な仕事が得られるよう促進すること」だとされました。また、それを実現するための4つの戦略的目標が「①雇用の促進、②社会的保護の方策の展開及び強化、③社会対話の促進、④労働における基本的原則及び権利の尊重、促進及び実現」2) であると考えられています。

ただし、DWの実現は、使用者や事業所の自助努力で簡単に実現するとはいえません。労働者の多様性を認め、自己決定が尊重される社会を創ることが大切であり、労働者と使用者、そして国とが対話を重ねながら、労働者を保護する制度を整備していく必要があるでしょう。

確認テスト

① 憲法は、労働者の勤労権を定めており、労働基準法で＿＿＿＿＿＿＿を定めている。
② 憲法は、労働者と使用者の地位を対等にするため、団結権、＿＿＿＿＿＿＿、＿＿＿＿＿＿などの＿＿＿＿＿＿を保障している。
③ 公務員に対する労働基本権の「やむをえない限度の制限」は、その＿＿＿＿＿＿＿と＿＿＿＿＿＿＿を根拠に認められている。

（解答は189ページ、またはQRコードを読み取り）

> 考えてみよう
>
> - あなたが就きたい職業について、実際に求人票などを確認し、どのような労働条件で働くのかを調べてみましょう。
> - 最低賃金法は、使用者が労働者に支払う賃金の最低限度を定めた法律です。これに対し、地域ごとに異なった地域別最低賃金がありますが、なぜ、こうした制度が導入されているのでしょうか。
> - 男女雇用機会均等法はたびたび改正されていますが、どのような事件がきっかけとなり法改正につながったか、裁判について調べてみましょう。

【引用文献】
1）独立行政法人労働政策研究・研修機構：(88)【解雇】解雇の社会的相当性
　　http://www.jil.go.jp/hanrei/conts/10/88.html（2018年3月11日閲覧）
2）厚生労働省：ディーセント・ワーク（働きがいのある人間らしい仕事）について
　　http://www.mhlw.go.jp/seisakunitsuite/bunya/hokabunya/kokusai/ilo/decent_work.html（2018年2月1日閲覧）

【参考文献】
西谷敏『人権としてのディーセント・ワーク―働きがいのある人間らしい仕事―』旬報社　2011年
辻村みよ子『概説ジェンダーと法　第2版』信山社　2016年
高橋和之編『ケースブック憲法』有斐閣　2011年

第12章　国を治める仕組み（象徴天皇・国民主権、国会・内閣・行政・地方自治）

はやと先生　憲法は、その国を形づくるものとして統治機構といわれる国を治める仕組みが定められています。

みらいさん　国を治めるとは？

はやと先生　まず、主権が誰にあるのか。主権とはごく簡単にいえば誰が国を治めているかということです。大日本帝国憲法では、天皇主権だったのに対し、日本国憲法では、その前文に「主権が国民に存する」とはっきりと国民主権を謳っています。つまり私たち国民一人ひとりの総意により国を治めているのです。天皇については「国民の象徴」という地位にあります。

みらいさん　私も主権者の一人ということですね。ただ、あまり実感がないなぁ〜。

はやと先生　みんなの総意といっても、国民すべての人の意見を聞いていたら何も決まりませんからね。だから、日本をはじめ多くの国では選挙で選ばれた人が代表して政治を行う「間接民主制」を取っています。

みらいさん　私も18歳になったとき、はじめて選挙に行きました。なんだかドキドキしました。

はやと先生　そうやって選ばれた人が議員となり、国会で国の方針や法律を決めていくんですね。そして、その中から行政の長となる大臣を決め内閣が組織されます。その一番の責任者が内閣総理大臣という訳です。

みらいさん　内閣総理大臣は選ばれたなかの選ばれた人なんですね。それだけ責任も重いのですね。私の住む県や市でも選挙があって議員が選ばれますけど、同じような仕組みですか？

はやと先生　都道府県や市町村といった地方自治体も同じようにそれぞれ議会を置いて、選挙で選ばれた議員が地域のことを決めていきます。ただ、内閣総理大臣は国会で指名されるのに対し、地方のそれに当たる知事や市町村長は選挙で選ばれるのが大きな違いかな。

みらいさん　なんだかいろいろあって、覚えるの大変だ……。

はやと先生　これらは社会人として知っておくべき常識ですからね。それぞれの仕組みや役割を整理していきますので、がんばって覚えましょう。

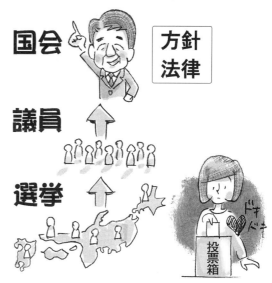

1 権力分立と三権分立

国家権力を抑制し、国民の人権を保障させるためにも、国家権力が必要以上に大きくなり権力を濫用されないように相互に抑制し、均衡を保たせるための権力分立について日本国憲法でどのように規定しているのか、考えてみましょう。

① 国民主権

日本国憲法において、国民主権は基本的人権の尊重、平和主義とともに並ぶ日本国憲法の三大原則の一つとして位置づけられています。前文で「主権は国民に存する」と明示され、「そもそも国政は、国民の厳粛な信託によるものであつて、その権威は国民に由来し、その権力は国民の代表者がこれを行使し、その福利は国民がこれを享受する」と宣言されています。

このように国民主権は、国民すべてが平等に人間として尊重され、すべての政治的価値の源泉は個人にあるという個人主義を前提として、国の政治のあり方を最終的に決定する権力を国民自身が行使することと、国家の権力を正当づける究極的な権威は国民にあると明記され、日本における民主政治の基礎が確立されました。

そして、「その権力は国民の代表者がこれを行使し」と規定されており、原則としては間接民主制を採用しています。しかし国民にとって、国論を二分するような憲法改正の場合は、憲法第96条において憲法改正の是非を最終的に決定するのは直接民主制である国民投票で過半数の賛成を要件としています。

② 象徴天皇制

憲法第1条は天皇の地位について「天皇は、日本国の象徴であり日本国民統合の象徴であつて、この地位は、主権の存する日本国民の総意に基く」と規定しています。この点について大日本帝国憲法では、天皇は統治権の総攬者とされていましたので大きな差異があります。

日本国憲法において天皇は国政に関する機能をもたず、天皇の権能の範囲が国事行為に限定されています。天皇の国事行為とは、例えば国会開会時における「おことば」の朗読、国内巡業、外国元首の接受・接待等、「認証」「接

受」や「儀式」のように、形式的・儀礼的・行為的なものであり、こうした国事行為を行うにあたっては、第7条で天皇は内閣の助言と承認が必要とされ、内閣がその責任を負い、問題が生じた場合には内閣が責任を負うこととなり、天皇の責任は問われません。このように日本国憲法では天皇が国政に関する機能を一切有しないことになっています。

天皇および皇室の財産は、日本国憲法においてすべて国に属することになっており、国有財産化されました（第88条）。また、すべて皇室の費用は、国会の議決を経なければならないことになっています。

③ 三権分立制

権力分立の観念はイギリスの思想家ロック（J. Locke）によって先駆的に提唱され、これを発展させて三権分立論を唱えたのが、フランスの思想家のモンテスキュー（C. Montesquieu）です。その原理はアメリカ合衆国憲法、フランス人権宣言に大きな影響を与えています。

権力分立制とは、国家権力を複数の機関に分散させ、それぞれの間に抑制と均衡の関係を保たせ、権力がある特定の人間や機関に集中することを阻止することで、権力の乱用を防止し、国民の権利と人権自由を擁護しようとするシステムです。

日本国憲法においても三権分立制を基本原理としています。立法権は国会に属し、国の唯一の立法機関です（第41条）。これにより法律は、国民の代表機関である国会が決めるものとなっています。

行政権は内閣に属し（第65条）、内閣は行政権の行使について、国会に対して責任を負うことになっています。

司法権は、最高裁判所および下級裁判所に属しています（第76条）。司法権は裁判の厳格・公正を保つために、他のあらゆる権力から独立していなければならないという原則です。

④ 直接民主制と間接民主制

▼直接民主制

民主主義国家は主権者である国民が政治参加することが大原則となっています。その具体的な方法として、直接民主制と間接民主制があります。

直接民主制は、主権者である国民ないし住民がみずから直接に政治決定を行う制度です。直接民主制の起源は古代ギリシャの都市国家で、人々は共同

生活を維持するために必要措置を直接話し合って決定していました。また、スイスの人民寄合などにみることができますが、多人数の国民と大地域の領土からなる国家においては、全国民による主体的な秩序形成方法をとることは現実に困難であり、多くの国家においては間接民主制が採用されています。

▼間接民主制

　間接民主制は、主権である国民が選挙により国民の代表者を民主的・合理的に選出する機能をもち、国民自身に主権者としての威厳を確認させる機会になるとともに、選出された代表の政治活動に正当性と権威を付与する働きをもつことになります。なお、実際の政治を少数の代表者による決定に委ね、その執行に強制力を認めることは、ある意味での民主制と異なりますので、こうした民主制の理念と政治の現実とを両立するために、国民投票（住民投票）・国民発案やリコールなどの直接民主制が取り入れられています。

2　国会の地位と組織

① 国会の地位

　憲法第41条には、「国会は、国権の最高機関であつて、国の唯一の立法機関である」と規定されています。また、第43条においては、「全国民を代表する選挙された議員でこれを組織する」と規定されています。

　国会は内閣、裁判所とともに国家権力の一つの機関として、法律を制定しうる唯一の機関であり、国会以外の機関で制定することはできません。しかし、例外として議院の規則制定権[*1]や最高裁の規則制定権等については、議院の自立や司法権の独立の原則により、憲法で認められています。また、国会の承認とは別に、地方のみに適用される特別法は、当該地方の住民の同意が必要です。

＊1　規則制定権
憲法第58条2項において、各議院が内部規律などに関して、規則を定めることができるようになっています。

② 国会の組織 ―二院制―

　国会は衆議院と参議院の2つの両議院によって構成されています（第42条）。このように2つの議院から成り立っている議院制度を「二院制」または「両院制」といいます。二院制をとることにより、衆議院の優越に対する行き過ぎを抑制し、その機能を補完させることにより、国会の議事を慎重、公平たらしめることにより、民意の忠実な反映することを期待されてのこと

です。諸外国では、それぞれ下院・上院という呼び方が多くあります。両議院はともに、全国民を代表する選挙された議員によって組織されています（第43条）。また、第48条で、「何人も、同時に両議院の議員たることはできない」と定められています。

③ 国会の権能

▼国会の権能の種類

国会の権能として主なものは、法律案の議決権（第59条）、予算案議決権その他の財政機能（第86条）、憲法改正の発議権（第96条）、条約の承認権（第61条・73条3号）、内閣総理大臣の指名権（第67条）、弾劾裁判所の設置権（第64条）などがあります。

▼法律案の議決権

法律案について、両議院の議決が一致しない場合、衆議院で出席議員の3分の2以上の多数で再び可決すれば法案となります。

▼予算案議決権

予算については、予算案の国会提出権は内閣ですが（第90条）、「国の財政を処理する権限は、国会の議決に基いて、これを行使しなければならない」（第83条）という規定が設けられています。予算について、「内閣は、毎会計年度の予算を作成し、国会に提出して、その審議を受け議決を経なければならない」（第86条）と国会の権能として明記されています。

▼憲法改正の発議権

憲法改正の発議権については、第96条に「各議院の総議員の3分の2以上の賛成で、国会が、これを発議し、国民に提案してその承認を経なければならない」と定められており、憲法改正の発議権は国会に与えられています。

▼条約の承認権

条約の締結については内閣の権能に属します（第73条3号）。しかし、内閣が条約を締結するには、「事前に、時宜によっては事後に、国会の承認を経ることを必要とする」ことになっています。

▼内閣総理大臣の指名権

国会議員のなかから国会の議決によって指名された者が内閣総理大臣に成就することになっています。

▼弾劾裁判所の設置権

弾劾裁判所の設置権については、第64条で、「国会は、罷免の訴追を受けた裁判官を裁判するため、両議院の議員で組織する弾劾裁判所を設ける」と

定められています。これは、司法裁判所とは別に、独立の機関により裁判することができるようになっています。

▼衆議院の優越と両院協議会

衆議院と参議院は、それぞれ独立の機関として意思決定を行います。

それぞれが独立に議事を行い、議決し、両院の議決が一致したときには国会の意思が成立するという原則をとっています。両議院の意志が異なるときは、両院の一致した議決が成立することが望ましいので、両院協議会を開くことが認められています（第59条）。両院協議会は、各議院で選挙された各々10人の委員で組織され、その成案については、可否を決するのみで、修正することはできません。

両院の関係をみると、両院で議決が分かれたとき、法律案の議決、条約の承認（第61条）、内閣総理大臣の指名の議決（第67条）では、衆議院が参議院に優越しており、予算については衆議院には先議権があるなど、衆議院の方が優位に立っています（表12－1）。このように、憲法において衆議院の優越を認めています。

なお、憲法改正の発議のみは、衆議院と参議院の両院は同格で各々の総議員の3分の2以上の賛成が必要です。

表12－1　衆議院の優越

	法律案	予算案	条約	内閣総理大臣の指名
条　文	第59条	第60条	第61条	第67条
衆議院の再議決	出席議員の3分の2以上	なし（衆議院の議決が国会の議決になる）		
両院協議会	任意（衆議院から開催要求可）	必ず開催		
参議院が議決をしない場合（休会中を除く）	衆議院の可決した法律案を受け取った後60日以内に議決しないと否決したとみなされる	衆議院の可決した予算案を受け取った後30日以内に議決しないと、衆議院の議決が国会の議決となる		衆議院が指名の議決をした後10日以内に議決しないと、衆議院の議決が国会の議決となる

出典：駒村圭吾編『プレステップ憲法』p.29　弘文堂　2014年

▼国政調査権

国政調査権とは、第62条において「両議院は、各々国政に関する調査を行ひ、これに関して、証人の出頭及び証言並びに記録の提出を要求することができる」と規定されています。このように議院に対して国政に関しての調査を行う権利を与えられたものです。

国政調査権は、証人の出頭、証言、記録の提出を両院各々に機能させることにより、調査権の強化を図っています。しかし、基本的人権を侵害するような調査は認められていません。

また、証人は証言を拒絶することができます。委員会は住居侵入捜索、押収、逮捕等、刑事手続上の強制力は認められていません。

④ 国会の運営

国会の運営とは議案の審査を行うことです。それは、一定の限られた期間に会期が行われます。会期としては、毎年1回定期に召集される常会（第52条）と、臨時の必要に応じて召集される臨時会（第53条）、そして、衆議院が解散され総選挙が行われたのちに召集される特別会（第54条）の3種類が設けられています。そのほかに衆議院の解散中に、特に国会の審議が必要とされる法律・予算の改定そのほか国会の開会を要する緊急の事態が生じたときには、参議院の緊急集会が定められています。

ただし、緊急集会でとられた措置は、あくまで臨時のものなのであって「次の国会開会の後10日以内に、衆議院の同意がない場合には、その効力を失ふ」（第54条）ことになっています。会期の延長については、常会については1回、臨時会および特別会については2回まで認められています。定足数（会期の出席者数）については、第56条において、「両議院は、各々その総議員の3分の1以上の出席がなければ、議事を開き、議決することができない」と規定されています。

また、各会期は独立した活動することになっており、会期中に議決に至らなかった案件は、後会に継続することができないために、審議未了として廃案になります（第68条）。これを会期不継続の原則といいます。しかし、一定の手続きを踏むことにより、閉会中でも委員会が議案の審査を行うことにより、次の国会で審議することができるようになっています（国会法第47条）。

会議の公開は、傍聴の自由、報道の自由および会議録の公表が含まれています。このように会議録の保存とその公表は、議会制民主主義にとって本質的な原則です。ただし、出席議員の3分の2以上の多数で議決されたときは、秘密会を開くことができます。秘密会についても、秘密の必要性が認められるもの以外は、公表しなければならないと規定されています（第57条）。

また、国会の審議機関としては、両院の本会議の他に常任委員会および特別委員会がおかれています（国会法第40条）。大日本帝国憲法下においては、「本会議中心主義」をとっていましたが、現在においては議案の提出権は、

議員のほか、内閣および委員会に議案提出権があり、「委員会中心主義」にウェイトが置かれています。委員会中心主義は、わが国の国会の運営で大きな特徴となっています。

⑤ 国会議員の権能

▼**権能の概要**

国会議員の権能は、所属する議院の活動に参加することができ、様々な権能を有しています。主なものとして、発議権、修正動議提出権、質疑権、討論権、表決参加権、内閣に対する質問権などがあります（表12-2）。

表12-2　国会議員の権能の概要

発議権	衆議院においては議員20人以上、参議院においては議員10人以上の賛成を得て発議が可能になっています。ただし、予算案を伴う法律案の場合には、衆議院で50人以上、参議院では20人以上になっています。なお、予算、条約、皇室財産の授受については議員には発議権は認められていません。	国会法第56条
修正動議提出権	議案・予算の修正などについて動議を提出することができます。	国会法第57条
質疑権	議題となっている議案について、発議者・委員長・国務大臣などに対して、質疑することができます。質疑は口頭で行われています。	衆議院規則第118条　参議院規則第108条
討論権	議題となっている議案について、発議者、委員長、国務大臣等に対して口頭で疑義をただし、説明を求めることができます。	衆議院規則第118条　参議院規則第113条
内閣に対する質問権	議題と関係なく、内閣に対して説明を求めることができます。質疑権は議題となっている議案についての質疑であるが、質問権については、議員は現在の議題と関係なく内閣に行政権の行使について質問することができます。	国会法第74～76条
表決参加権	本会議および委員会などで表決に加わることができます。本会議の場合、各議員の表決は、出席議員の5分の1以上の要求があれば、各議員の表決は会議録に記載せねばなりません。	国会法第57条

▼**国会議員の特権**

国会議員は、憲法により「不逮捕特権」「免責特権」「歳費請求権」の3つ

の特権が認められています。

不逮捕特権は憲法第50条に「両議院の議員は、法律の定める場合を除いては、国会の会期中逮捕されず、会期前に逮捕された議員は、その議院の要求があれば、会期中これを釈放しなければならない」と定められています。また、第51条には免責特権として「両議院の議員は、議院で行った演説、討論又は表決について、院外で責任を問はれない」と規定されており、議員がその本来の職務を行うにあたって、院内の制約を受けずに自由に発言・表決することを保障しています。さらに、第49条で、歳費請求権について、「両議院の議員は、法律の定めるところにより、国庫から相当額の歳費を受ける」ことが定められています。

3 参政権

① 選挙権と被選挙権

▼普通選挙と選挙権

日本においては、国民が代表者を選び間接的に国政に関与する間接民主制を原則としています。このように、国民がその代表者を選出する選挙は、自らの意思を政治に反映するためのもっとも基本的かつ重要な政治過程の一つといえます。

日本は、普通選挙を取り入れており、原則としてすべての国民に選挙権・被選挙権を賦与して、国政に参加する権利を認めていますが、普通選挙といえども、選挙権は、日本国籍を有する満18歳以上となっています[*2]。ただし、禁錮以上の刑に服している者、選挙犯罪によって公民権が停止されている者には、選挙権が認められていません。

▼被選挙権

被選挙権とは、参政権のうちの一つであり、選挙に立候補し、当選人となる資格です。つまり選挙で当選し公職に就任する資格や地位を指します。

被選挙権は、選挙権と同様、日本国籍を持ち、かつ禁錮以上の刑にあったり、公民権の停止を受けたりしていないことが必要で、年齢は、選挙当日の時点において、衆議院議員・都道府県議会議員・市町村議会議員・市町村長については満25歳以上、参議院議員・都道府県知事については満30歳以上であることを要し、さらに地方議会議員については、その選挙権を有する者であることも必要です。

*2 当該区内の市町村または特別区に引き続き3か月以上住居し、選挙人名簿に登録されていることが必要です。なお、居住期間が3か月に満たない場合、国政選挙にあっては、登録済みの前住所においての選挙権行使が認められます。また、地方選挙においては、同一都道府県内で他の市町村または特別区へ移動した場合のみ、1回に限って新住所での選挙権行使が許されます。

② 選挙の種類

公職選挙法による選挙の種類は、衆議院議員、参議院議員ならびに地方公共団体の議会の議員（都道府県議会議員、区議会議員、市町村会議員）および長（都道府県知事、市町村長）の各選挙があります（公職選挙法第2条・第3条）。

▼衆議院議員選挙

衆議院議員総選挙は、小選挙区比例代表並立制[*3]によって選挙されます。

衆議院議員の任期は4年で、解散があります。また、衆議院議員の選挙は、総選挙、再選挙[*4]、補欠選挙[*5]、合併選挙[*6]の4種類の選挙があります。総選挙は、議員定数の全部を選挙するもので、議員の任期が満了したとき、あるいは解散のあったときに行われます。

▼参議院議員選挙

参議院議員選挙は、選挙区制・比例代表制[*7]によって選挙されます。衆議院と違い、参議院には解散がありません。任期は6年で3年毎に半数を改選します。

[*3] 衆議院議員選挙は、小選挙区制と比例代表制を組み合わせて行っています。小選挙区選出議員は各選挙区から1人を選出します。比例代表では全国11のブロックを単位として選出され、ブロックごとに人口比例で定められた定数を各政党の得票数に応じて比例配分し、比例名簿登録順に当選を決めます。

[*4] 再選挙
選挙の結果当選人が得られない場合、または当選人が不足するときに、当選人の不足を補充するために行うものです。

[*5] 補欠選挙
議員に欠員が生じたときに、議員の不足を補うために行う選挙です。

[*6] 合併選挙
同一の地域において再選挙と補欠選挙を単一の選挙として行うことです。

[*7] 選挙区制・比例代表制
選挙区制とは、選挙区は1都道府県に1つ置かれています。選挙区ごとに当選できる人数がそれぞれ決められています。比例代表制とは、各政党の得票率に応じて議席数を配分する制度です。

表12-3 各選挙における選挙期日

区　分	任期満了による選挙	解散による選挙
衆議院議員総選挙	任期満了前30日以内（この期間が国会開会中または国会閉会の日から23日以内にかかる場合は、国会閉会の日から24日以後30日以内）	解散の日から40日以内
参議院議員選挙	任期満了前30日以内（この期間が参議院開会中または参議院閉会の日から23日以内にかかる場合は、参議院閉会の日から24日以後30日以内）	な　し
都道府県知事選挙	任期満了前30日以内	な　し
都道府県議会議員の選挙	任期満了前30日以内	解散の日から40日以内
市町村長選挙	任期満了前30日以内	な　し
市町村議会議員の選挙	任期満了前30日以内	解散の日から40日以内

出典：浦安市「選挙の期日と告示日」を一部改変
http://www.city.urayasu.lg.jp/shisei/senkyo/senkyo/1003173.html（2018年6月1日閲覧）

第12章　国を治める仕組み（象徴天皇・国民主権、国会・内閣・行政・地方自治）

▼地方公共団体における選挙

　地方選挙については、憲法第93条において、地方公共団体の長や議会議員について、当該地方公共団体住民の直接選挙を定めています。

4　内閣の役割と権能

① 議院内閣制

▼議院内閣制とは

　日本は議院内閣制をとっています。これは国民の代表機関による議会に対して責任を負い、議会の信任をその存立の条件とする内閣制度のことで、責任内閣ともいいます。憲法第66条3項には「内閣は、行政権の行使について、国会に対し連帯して責任を負ふ」という規定が設けられています。そして第67条において内閣総理大臣は国会議員のなかから指名されることと定めています。

▼内閣の組織

　内閣は行政権をもつ機関で、憲法第66条1項に「内閣は、法律の定めるところにより、その首長たる内閣総理大臣及びその他の国務大臣でこれを組織する」と定められています。国務大臣は、内閣の構成員であるとともに、「主任の大臣」として行政各部の行政事務を分担管理することになっていることが通常ですが、行政事務を分担しない若干の「無任大臣」もいます（図12-1）。

　国務大臣の数は、内閣法第2条において、14人以内と定められています。ただし、特別に必要がある場合においては、「3人を限度にその数を増加し、17人以内とすることができる」と規定されています。

　大日本帝国憲法においては内閣の規定がなく、単に「国務各大臣ハ天皇ヲ輔弼シ其ノ責ニ任ス」とあり、天皇を補佐するだけの権限しかありませんでした。内閣総理大臣も他の大臣も区別はありませんでした。それに比較すると、現在の内閣の権限は強く、行政量が増大するにつれて、他の立法部や司法部に優越する状況がみられます。また、内閣総理大臣は、内閣の「首長」と第66条1項に明記されており、他の国務大臣を任命するだけでなく、罷免することができる権限をもっています（第68条）。さらに「内閣を代表して議案を国会に提出し、一般国務及び外交関係について国会に報告し、並びに行政各部を指揮監督する」（第72条）および、内閣法第6条において「内閣

図12−1　内閣の組織の概要

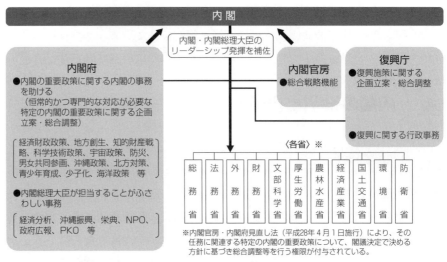

出典：内閣府「組織・業務の概要2018」
　　　http://www.cao.go.jp/about/doc/about_pmf_index.pdf（2018年6月1日閲覧）

総理大臣は、閣議にかけて決定した方針に基いて、行政各部を指揮監督する」と定められています。このように内閣総理大臣の優越的地位を規定しています。これは大日本帝国憲法に対する反省に基づくものです。

　内閣総理大臣および国務大臣は文民でなければならないと規定されています（第66条）。つまり、軍人は大臣になることができません。戦前のように軍人が内閣を組織し、軍部が暴走することを阻止しようとするものであり、軍部に対する文民統制のあらわれです。

② 内閣の権能

　内閣の権能については、憲法第65条において、「行政権は、内閣に属する」と定められ、さらに第73条で、「内閣は、他の一般行政事務の外、左の事務を行ふ」として、次の7つの事務を定めています。

①「法律を誠実に執行し、国務を総理すること」
　　内閣は行政府のなかで最高機関であるので、一般行政事務を統括し、行政各部を指揮監督し、適切な対応をすることが求められています。
②「外交関係を処理すること」
　　外交事務を処理します。外交交渉、外交使節の任免、全権委任状、大使・公使の信任状および外交文書の作成等を行います。
③「条約を締結すること」

民主的統制の理念のもと、条約締結に関しては国会の承認を経なくてはならないこととし、内閣と議会の協働により行われます。

④「法律の定める基準に従ひ、官吏に関する事務を掌理すること」

ここでの官吏とは行政府の職員を指しており、「掌理」については国家・公務員法がそれを定めています。

⑤「予算を作成して国会に提出すること」

内閣は毎会計年度の予算を作成し、国会に提出して、その審議を受け、議決を経なければならないことが定められています。

⑥「この憲法及び法律の規定を実施するために、政令を制定すること」

内閣の制定する命令を政令といいます。政令には特にその法律の委任がある場合を除いては、罰則を設けることができないようになっています。

⑦「大赦、特赦、減刑、刑の執行の免除及び復権を決定すること」

恩赦は、裁判により確定した刑罰について訴訟手続きによらずにその一部を消滅させることや、特定の犯罪につき公訴権を消滅させる行為のことです。

第73条以外にも内閣の権能に属するものとして、天皇の国事行為についての助言と承認（第3条）、最高裁判所の長たる裁判官の指名（第6条）、最高裁判所判事の任命（第79条）、参議院の緊急集会を求めること（第54条）、国会への決算提出（第90条）などがあります。

③ 内閣の責任

内閣の責任については、憲法第66条において「内閣は、行政権の行使について、国会に対し連帯して責任を負ふ」と定められています。これは、議員内閣制が有効に機能するためのものです。

内閣は内閣総理大臣およびその他の国務大臣の合議体の組織であり、その責任の全国務大臣が一体として責任を負うことになります。内閣の責任の取り方で究極的なのは総辞職です。また、国会による究極的な責任追及は衆議院による内閣不信任決議です。衆議院で内閣不信任の決議案が可決され、あるいは内閣信任の決議案が否決されたときは、10日以内に衆議院を解散しないかぎり、総辞職をしなければなりません（第69条）。つまり内閣は国会に対して責任を負い、国会は内閣総理大臣を指名する権限をもち、内閣を総辞職させることができ、内閣は衆議院の解散権をもってこれに対抗することにより、両者が相互に牽制し合うことによって、その均衡を図るという仕組みとなっています。

国会が内閣の責任を追及する方法としては、質疑権、質問権、国政調査権の行使、決議などがあります。

5 地方自治

① 地方自治の本旨

日本における地方自治制度は、日本国憲法のもとではじめて規定されました。大日本帝国憲法時には地方自治の規定はなく、府県知事は住民の選挙ではなく国の任命というように、実際は中央集権体制の国の出先機関の域を出るものではありませんでした。つまり、地域の事柄は地域の住民が民主的に決定していくことが必要であり、一番身近な民主主義の場としての地方自治の意義と役割が意識されたのは、戦後になってからです。

地方公共団体の組織および運営に関する事項について、憲法第92条では、「地方自治の本旨に基いて、法律でこれを定める」と規定しています。地方自治の本旨とは何かということは、必ずしも明確ではありませんが、その内容は住民自治と団体自治の2つの要素からなると考えられます。

住民自治は、地域の住民が自らの意思と責任において行政を処理するという考え方です。一方、団体自治は地方自治が国の出先機関ではなく独立した団体として、団体自らの意思と責任の下で行うことができます。

しかし、国から独立した団体でありながら、国の指揮監督を受ける機関委任事務が多く、1995（平成7）年の「地方分権推進法」により、国と地方公共団体との役割の分担が定められ、さらに1999（平成11）年に地方公共団体の行政体制の整備・確立などが盛り込まれました。また、住民参政権の拡張、地方自治体の自主性と自立性の強化、地方公共団体における公正と効力の確保がなされました。また、地方公共団体の財政基盤を強化するため、国から地方への税源委譲、国庫補助負担金の削減、地方交付税の見直し、いわゆる「三位一体改革」により、ようやく地方分権の時代を迎えようとしています。

② 地方公共団体の組織と権能

地方公共団体とは、地方団体または地方自治体とも呼ばれ、地方自治法第1条の3において、地方公共団体を普通地方公共団体と特別地方公共団体の2種類に分けています。前者は、都道府県と市町村であり、後者は特別区、

地方公共団体の組合、財産区です。憲法第93条に、「住民の直接選挙による議員で構成される議事機関としての議会を設置すること及び執行機関である地方公共団体の長および法律の定めるその他の吏員が住民の直接選挙で選ばれる」ことが定められています。

このように、地方公共団体は、住民の直接選挙によって代表機関（首長、議会）を構成し、住民の自治権に基づいて権力を行使するという地域的・自律的統治団体としての権能をもっています。ただし、特別地方公共団体は全住民を構成要素としないのが一般的であり、住民の権利義務にかかわる権力行使もできないという性格の相違点があり、判例では東京都の特別区は憲法上の地方公共団体に該当しないとされています。

第94条で、「地方公共団体は、その財産を管理し、事務を処理し、及び行政を執行する権能を有し、法律の範囲内で条例を制定することができる」としています。さらに、地方自治法によりその内容が具体的に明示されており、普通地方公共団体、その公共の事務および法律や政令によって普通地方公共団体に属するもののほか、その区域内におけるその他の行政事務で国の事務に属さないものを処理し、この事務に関して、法令に反しない限りにおいて、議会の議決によって条例を制定することができるようになっています。

③ 住民の権利

地方自治にとって、基本的かつ大切な要素なのが「住民自治」の考え方です。地方自治の担い手としての住民は、その地方公共団体の役務の提供を等しく受ける権利とともに、その地方公共団体にかかる負担を分任する義務があります。このように地方公共団体は住民に対して学校、公民館、公園など公の施設を設けたり、金銭的扶助、資金貸付、保健などの利便を提供し、一方住民は地方公共団体が地域の行政運営の経費に対して、地方税、使用料、手数料、受益者負担金などを平等に負担する義務を負っています。

地方自治では、国政に比べて、住民の直接民主制が広く認められています。例えば、首長の直接選挙（第93条）、地方特別法における住民投票（第95条）が規定されています。さらに、地方自治法において、条約の制定・改廃請求、事務の監査請求、議会の解散請求、議員・長の解職請求、財務会計に関する違法・不当な作為や不作為に対して住民監査請求・住民訴訟などがあります。

確認テスト

① 日本国憲法においても三権分立を基本原理としています。＿＿＿＿＿は国会に属します。＿＿＿＿＿は内閣に属します。＿＿＿＿＿は最高裁判所および下級裁判所に属します。

② 憲法で国会は国権の＿＿＿＿＿＿＿＿＿であって、国の唯一の＿＿＿＿＿＿＿＿＿であると定められています。

③ 内閣は行政権の行使について、＿＿＿＿＿に対して連帯して＿＿＿＿＿を負うことになっています。内閣は内閣総理大臣と他の＿＿＿＿＿＿＿＿＿とで構成されています。

④ 地方公共団体とは、＿＿＿＿＿＿＿＿＿＿＿と＿＿＿＿＿＿＿＿＿＿＿の2種類があります。地方公共団体は、法律の範囲内で＿＿＿＿＿を制定することができます。

（解答は189ページ、またはQRコードを読み取り）

考えてみよう

① 国会と内閣とはどのような関係になっているだろうか考えてみましょう。
② 憲法で内閣についてどのような規定があるか、また、内閣は何をどのように決定しているのか考えてみましょう。
③ 住民に身近な行政を実現するために、地方公共団体にはどのような役割があるか、また、住民投票はどのようなときに行われるのか考えてみましょう。

【参考文献】
上條未夫・須藤眞志・寺崎修・稲葉光彦『政治学概論』北樹出版　1995年
上田正一『日本国憲法』嵯峨野書院　2008年
三浦隆・石川信編『現代法学入門』北樹出版　2004年
芦部信喜・高橋和之補訂『憲法　第6版』岩波書店　2015年
安西文雄・巻美矢紀・江草貞治『憲法学読本』有斐閣　2011年
小嶋和司・大石眞『憲法概観　第7版』（有斐閣双書）有斐閣　2011年
伊藤正己『憲法入門　第4版補訂版』（有斐閣双書）有斐閣　2006年

第13章　裁判所の役割と仕組み
（司法権、憲法の保障：違憲審査制）

はやと先生　三権分立は、ここまでに学びましたね。覚えていますか？

みらいさん　ハイ！　え〜立法権と行政権と……司法権ですね。

はやと先生　正解です。前の章で立法権は法律を制定する国会、行政権は制定された法律を行使する内閣を学びましたので、ここでは司法権の担い手である裁判所について学んでいきましょう。司法権については、憲法第76条で「すべて司法権は、最高裁判所及び法律の定めるところにより設置する下級裁判所に属する」と定められています。ところで裁判所がどうして権力として独立していないといけないかわかりますか？

みらいさん　裁判の公平性を保つためですか。誰かが得するように裁判が行われたら誰も裁判所を信用しなくなりますから。

はやと先生　そのとおりです。公正・公平性を保つためであります。裁判所は犯罪を犯した人を裁いたり、様々なトラブルを解決したりしますが、例えば国にとって都合の悪い人を法律によって取り締まったり、問題を国の都合のよいように解決したりすれば、それはもう独裁国家と言っても過言ではありません。内閣や国会などの他の権力を監視し、憲法に違反していないかも含めて公正・公平に判断するために、高い独立性が保たれなければなりません。

みらいさん　立法や行政が憲法に違反したときに、他の権力を持つところに干渉されてはちゃんとした判断ができないということですね。

はやと先生　そういうことです。それを違憲審査制といって、憲法第81条に定めています。日本の場合、議院内閣制といって基本的に国会議員から内閣を組織しますから非常に近い関係にありますので、司法には、より独立性が求められています。

みらいさん　これで、いろいろな国の機関がつながりました。

はやと先生　ちなみに2009（平成21）年からは、一般の市民の中から無作為に選ばれた人が裁判官と一緒に判決を決める裁判員制度がはじまりました。もちろん、みらいさんも裁判員に選ばれる可能性があるので、裁判について基本的なことは知っておきましょう。

みらいさん　え〜〜〜〜！　私が判決を下すんですか！　それは大変です。先生！　よくわかるように教えてください！

はやと先生　わかりました。それでは、裁判所や裁判の種類、違憲審査制など具体的に学んでいきましょう。

1　司法権

① 裁判の種類（刑事・民事・行政事件の違い）

▼裁判にも種類がある

　みなさんが「裁判」と聞いて思い浮かべるのは、どのような光景でしょうか。ドラマや映画でよく目にするのは、検察官が「異議あり！」と叫んだり、証拠を示しながら事件の経緯を明らかにする場面、証言台に立った証人が涙ながらに語る場面や弁護士に促されて被告人が事件の真相を告白する場面などでしょう。これらは、いずれも刑事事件と呼ばれる事件を扱った裁判です。実は、裁判には刑事事件以外にも、様々な種類があります。そして、扱う事件の種類に応じて、裁判の進め方や手続きに関するルールなどに違いが設けられているのです。

▼代表的な３種類の裁判

　代表的な事件のタイプとして、ここでは３つご紹介しましょう。１つ目は、上述した刑事事件です。刑事事件の裁判は、罪を犯したと疑われる者に対して行われ、証拠に基づき犯人か否かを明らかにします。そして、犯人であると明らかになった場合には、動機や犯行態様、反省の程度などを明らかにし、与える刑罰の重さを決定します。刑事事件を扱う裁判では、真実を明らかにするとともに、冤罪を防ぎ、適正な手続きで進めることが厳しく求められます。

　２つ目は、民事事件です。犯罪ではなく、市民同士のトラブルを扱います。お金の貸し借りや、遺産相続、土地の境界線をめぐる争いなどが代表例です。

紛争の解決を目的とする裁判ですので、場合によっては双方が譲歩して判決ではなく、和解で決着することもあります。また、裁判に先がけて、調停と呼ばれる話し合いの場が設けられることもあります。

3つ目は、行政事件です。国や地方自治体といった行政が訴えの相手方になる点が特徴です。具体的には、行政が市民に対して行う様々な処分や決定に対する不服申立て、行政への情報公開請求、国の不法行為責任を追及する国家賠償訴訟などが該当します。裁判の手続きに関しては、行政事件訴訟法といった専用の手続法も用意されています。

② 司法権の独立

▼**公正な裁判のために**

多種多様な裁判は、いずれも司法権と呼ばれる国家権力を裁判官が行使することで実現されます。裁判は国民の人権を保障する役割を担っており、公正かつ厳格に行われなければなりません。そして、公正な裁判を実現するために、裁判に対する外部からの干渉や圧力を排除すること、すなわち司法権の独立が必要となるのです。この司法権の独立には、裁判官の職権の独立と、他の権力機関からの司法府の独立、という2つの意味が含まれます。

▼**裁判官の職権の独立**

裁判官の職権の独立については、憲法第76条3項で、「すべて裁判官は、その良心に従ひ独立してその職権を行ひ、この憲法及び法律にのみ拘束される」と定め、不当な干渉から独立して裁判の職務にあたることが明記されています。ここにいう「良心」とは、個人的・主観的な意味での良心ではなく、客観的な裁判官としての良心を意味します。また、「独立してその職権を行ひ」とは、自らの判断に基づいて裁判を行うことを意味し、立法権や行政権はもちろん、裁判所機構内部での指示や命令をも排除されることを意味しています。この裁判官の職権の独立をより確実に実現するため、第78条では、裁判官の身分保障を定めています。

▼**司法府の独立**

司法府の独立とは、裁判機構が立法権や行政権など他の権力機構から分離、独立し、自主性をもって運用されることを指します。日本国憲法では、憲法第77条をはじめ、司法府の運用を最高裁判所に委ねる規定がおかれ、司法運営における司法権の自主性が尊重されています。

③ 司法権とは

▼司法権の概念

では、司法権の内容を具体的にみていきましょう。憲法第76条1項は、「すべて司法権は、最高裁判所及び法律の定めるところにより設置する下級裁判所に属する」と定めています。一般的に司法とは、具体的な紛争について、事件の当事者からの争訟の提起を前提に、裁判所が法を適用し、宣言することによって、争訟を裁定する国家の作用と考えられています。あくまで具体的な紛争を対象とするものであり、具体的な争訟といえない場合には、司法の判断を仰ぐことはできません。

▼司法権の範囲

司法権がおよぶ範囲を裁判の種類からみてみると、戦前の大日本帝国憲法と戦後の日本国憲法には違いがあります。大日本帝国憲法では、フランスやドイツなどのヨーロッパ大陸諸国の制度にならい、司法府の管轄下にある通常裁判所[*1]で扱うのは、民事裁判および刑事裁判のみとしていました。そして、行政事件の裁判については、通常裁判所とは別系統の行政裁判所の所管とし、行政機関による終審裁判が認められていたのです。他方、日本国憲法では、アメリカやイギリスの制度にならい、行政事件の裁判を含むすべての裁判を通常裁判所の所管とし、司法権の範囲が拡大されました。

*1 通常裁判所
p.164参照。

④ 具体的な争訟・法律上の争訟

前項で述べたように、司法権の対象となりうるのは、「具体的な争訟」に限られ、あらゆる紛争を裁判に持ち込めるわけではありません。具体的な争訟とは、具体的事件性と言い換えることができます。具体的事件性がない紛争には、裁判所の審査権は及びません。裁判所の権限について定めた裁判所法第3条の「一切の法律上の争訟」も、具体的な争訟と同じ意味であるとされています。

判例は、「法律上の争訟」の意味について、①当事者間の具体的な権利義務ないし法律関係の存否に関する紛争であって、かつ、②それが法律を適用することにより終局的に解決することができるものに限られる、と説明しています[*2]。したがって、何の権利侵害も発生していない状態での法令の解釈や効力についての抽象的な争い、個人の主観的な意見の当否、学問上の論争、純然たる信仰の対象の価値に関する判断を求める訴えなどは、法律上の争訟には該当せず、司法権の対象にはならないのです。

*2 村議会決議無効確認請求事件
最判昭和29年2月11日。

⑤ 司法権の限界

　原則として、裁判所は、「一切の法律上の争訟を裁判する」権限があります（裁判所法第3条）。しかし、司法権の限界として、法律上の争訟でありながらも裁判所の審査権が及ばない例外があります。まず、憲法第55条や第64条のように、憲法の明文で裁判所の審査権から除外される場合です。明文で制限される例としては、憲法以外にも、条約などの国際法によって制限される場合もあげられます。

　次に、立法権や行政権との関係から生じる例外です。例えば、国会や各議院の自律的判断に委ねられた事項です。これらは、権力分立の機能から、それぞれの自律的判断を尊重すべきであって、裁判所は審査できないと解されています[*3]。このほか、行政機関や国会の自由裁量に属する行為も、権力分立の観点から裁量が尊重されることとなり、基本的に司法審査は及びません。

　最後に、事柄の性質上、裁判所の審査に適さないとして除外される場合です。代表的なのは、統治行為と呼ばれる行為です。統治行為とは、国家統治の基本に関する高度に政治性のある国家の行為を指します。統治行為の例としては、安保条約の違憲性といった政治問題に関わる判断や衆議院の解散があげられます。このような行為に関わる問題は、権力分立論や主権者である国民が政治プロセスを通じて解決するべきという民主主義論などを根拠に、裁判所は関わるべきではないと考えられています。なお、地方議会、大学、政党、労働組合といった自主的な団体の内部紛争についても、純粋に内部的事項の場合には、統治行為と同様、団体自治を尊重して司法審査を控えるべきとされる場合があります。

*3　警察法改正無効事件
最大判昭和37年3月7日。

2　裁判所の組織と権能

① 裁判所の種類（特別裁判所の禁止）

▼裁判所の種類

　司法権を行使する裁判所は、大きく最高裁判所（最高裁）と下級裁判所に分けられます。下級裁判所には、高等裁判所（高裁）、地方裁判所（地裁）、家庭裁判所（家裁）、簡易裁判所（簡裁）の4種類があります。高等裁判所は、8か所の大都市（東京、大阪、名古屋、広島、福岡、仙台、札幌、高松）に

置かれています。また、特別の支部として、東京高等裁判所に知的財産高等裁判所があります。

　地方裁判所は、全国に50か所あります。さらに地方裁判所には全国に203か所の支部が設けられています。みなさんの予想より多かったのではないでしょうか。これは、遠方であることを理由に訴えの提起を断念することがないよう、あまねく国民に司法サービスが行き渡るように配慮された結果です。家庭裁判所は、主に夫婦関係や親子関係といった家庭事件の審判、調停、および非行のある少年に関わる審判を扱う裁判所で、地裁と同格に立ちます。簡易裁判所は、少額軽微な民事、刑事の事件を第一審として扱う裁判所になります。

　日本では、三審制度を採用しており、第一審、控訴審、上告審というように、当事者が望めば、原則的に3回までの審理を受けられます。一般的に、事件は地裁、高裁、最高裁の順に上訴されます。

図13−1　裁判所の組織図

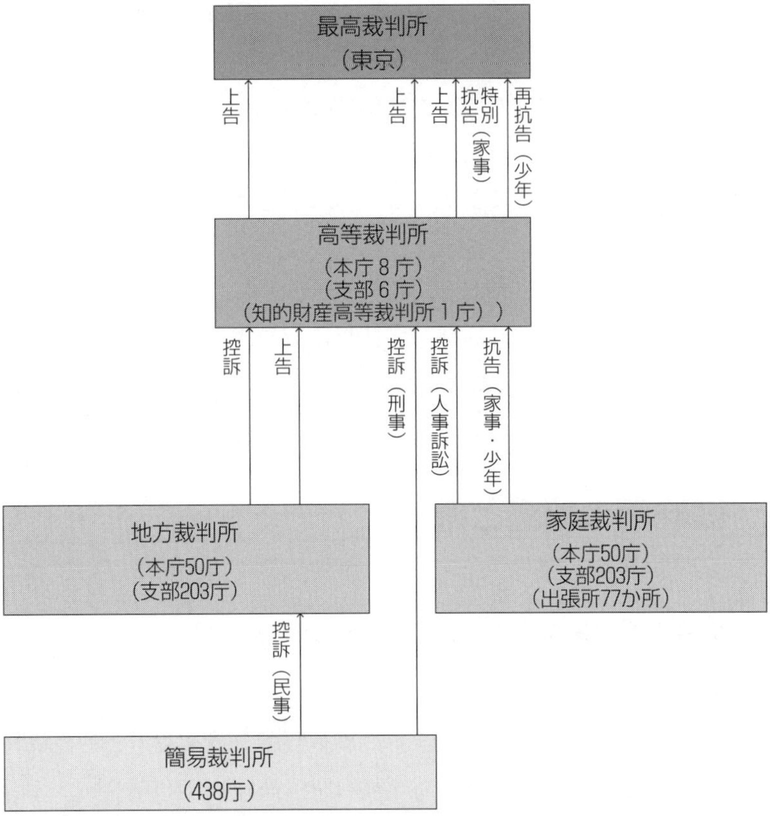

```
                        ┌─────────────────┐
                        │   最高裁判所    │
                        │    （東京）     │
                        └─────────────────┘
                    ↑      ↑      ↑   ↑      ↑
                   上告   上告   上告 特別  再抗告
                                    抗告  （少年）
                                    （家事）
                        ┌─────────────────┐
                        │   高等裁判所    │
                        │   （本庁8庁）   │
                        │   （支部6庁）   │
                        │（知的財産高等裁判所1庁）│
                        └─────────────────┘
           ↑      ↑        ↑        ↑         ↑
          控訴   上告     控訴     控訴       抗告
                         （刑事） （人事訴訟）（家事・少年）
    ┌─────────────┐                    ┌─────────────┐
    │  地方裁判所  │                    │  家庭裁判所  │
    │ （本庁50庁） │                    │ （本庁50庁） │
    │ （支部203庁）│                    │ （支部203庁）│
    │              │                    │（出張所77か所）│
    └─────────────┘                    └─────────────┘
               ↑ 控訴
               （民事）
        ┌─────────────┐
        │  簡易裁判所  │
        │   （438庁）  │
        └─────────────┘
```

出典：裁判所「裁判所の組織の概要」
http://www.courts.go.jp/about/sosiki/gaiyo/index.html（2017年3月20日閲覧）

▼特別裁判所の禁止

　司法権は、憲法第76条1項より、最高裁を頂点とした同一系統に属する裁判所に帰属すると解されます。裁判所の種類としてすでに紹介したような一連の裁判所を、まとめて「通常裁判所」といいます。他方、通常裁判所から独立して自己完結する裁判所を「特別裁判所」といいます。戦前の大日本帝国憲法下での軍法会議や行政裁判所が特別裁判所の典型例です。日本国憲法は、第76条2項において「特別裁判所は、これを設置することができない」とし、設置を認めていません。

② 最高裁判所の構成と権限

▼最高裁判所の構成

　最高裁は、1名の最高裁判所長官と、14名の最高裁判所判事で構成されます（憲法第79条1項、裁判所法第5条）。長官は、内閣の指名に基づいて、天皇が任命し（第6条2項）、判事は、内閣が任命して天皇がこれを認証します（憲法第79条1項、裁判所法第39条）。

　最高裁は、15名全員で構成される大法廷と、5名で構成される3つの小法廷に分かれています（裁判所法第9条）。どの法廷で事件を扱うかは、最高裁の決定によります。ただし、最高裁が「一切の法律、命令、規則又は処分が憲法に適合するかしないかを決定する権限を有する終審裁判所」（第81条）と定められているため、新たな憲法判断や違憲判断を行うとき、従来の憲法判例を変更するときなど、一定の場合には、大法廷で裁判しなければなりません（裁判所法第10条）。

▼最高裁判所の権限

　最高裁は、下級裁判所からの上告、および訴訟法において特に定める抗告についての裁判権があります（裁判所法第7条）。上告や抗告の裁判を通して、憲法問題への終審としての判断を示すことと、下級審で対立のあった法令解釈を統一することは、最高裁だけが果たす重要な役割とされています。

　このほか、最高裁の自律性に関わる最高裁判所規則の制定権（第77条1項）や、下級裁判所の裁判官指名権（第80条1項）、下級裁判所および裁判所職員を監督する司法行政監督権（裁判所法第80条）などの権限を最高裁は有しています。立法府や行政から司法府が独立を保つためには、司法府の運営は、司法府自身で行うことが重要です。最高裁は、司法府全体の運営、舵取り役を担当しているといってよいでしょう。

③ 国民審査

　日本国憲法は、内閣の恣意的な任命の危険を防止するとともに、国民が直接裁判所に民主的コントロールを及ぼす仕組みとして、最高裁判所裁判官に対する国民審査の制度を設けました（第79条2項）。最高裁の裁判官は、職務に適切な人物か否かを「その任命後初めて行はれる衆議院議員総選挙の際国民の審査に付」され、その後も10年ごとに同様の審査に付されます（第79条2項）。

　国民審査は、衆議院総選挙と同じ日、同じ投票所で、罷免を可とする裁判官に×印をつける投票方法で実施されます。×印の投票が過半数を超える場合のみ罷免となります。ただし、これまで罷免された例はありません。衆議院総選挙の投票権を持つ者には、同時に国民審査の投票権が与えられます。ですから、2015（平成27）年の公職選挙法改正による選挙権の年齢引き下げにともない、国民審査の投票権も、18歳以上の選挙権を有する者に認められることになりました。

④ 裁判の公開

▼裁判の公開

　憲法第82条1項は「裁判の対審及び判決は、公開法廷でこれを行ふ」と定めています。この裁判の公開原則は、裁判の公正さを担保する重要な役割を担います。同条2項本文では、公序良俗を害するおそれがある場合には例外的に公開停止が許されると規定しています。しかし、戦前、秘密裁判によって不公正な政治的弾圧が数多く生まれました。そこで、同項但書において「政治犯罪、出版に関する犯罪又はこの憲法第3章で保障する国民の権利が問題となってゐる事件の対審は、常にこれを公開しなければならない」と規定し、公開停止について厳しく制限しています。「対審」とは、裁判官の目の前で、当事者が口頭で、それぞれの主張を述べることを意味しています。具体的には、民事裁判における口頭弁論手続や刑事裁判における公判手続が該当します。

▼傍聴の自由

　裁判の公開とは、国民に裁判の傍聴を認めることです。各裁判所の法廷には必ず傍聴席があります。ただし、座席の数は限られていますので、傍聴の希望者が多い場合には抽選になることもあります。また、法廷の秩序を維持するために退廷等を裁判長が命じるなどの制限を加えることも認められてい

ます（裁判所法第71条２項、裁判所傍聴規則第１条等）。

制限の例として、一般の傍聴人がメモをとることがあげられます。法廷でのメモ採取は、公正かつ円滑な訴訟運営を妨げるおそれがあるとして、長らく禁止されてきました。しかし、あるアメリカ人弁護士が裁判傍聴時にメモ採取を許可されなかったことに疑問を覚え、国家賠償訴訟を提起したのです。訴えは最高裁まで争われました。最高裁は、裁判の公開の保障は、傍聴人のメモをとる権利の保障を含むものではないと判断しつつ、メモ採取が訴訟運営を妨げることは通常ありえないとし、特段の事情のない限り、傍聴人の自由に任せるべきであるとしました[4]。以降、裁判所内でのメモ採取は原則として認められるようになっています。

*4 レペタ事件最高裁判決
最大判平成元年３月８日。

⑤ 裁判員制度

▼陪審制

陪審制は、アメリカやイギリスで誕生した制度で、職業裁判官を交えることなく一般市民だけで評議する点が特徴です。具体的には、一般市民の中から選任された陪審員が、刑事事件で被疑者を起訴するか否かを決める大陪審と、民事、刑事事件において事実判断を行う小陪審があります。日本でも戦前に、刑事事件における小陪審を定めていましたが、あまりうまく機能しませんでした。

▼参審制と裁判員制度

参審制は、ヨーロッパ諸国に多い制度で、陪審制と異なり、一般市民と職業裁判官が一緒に評議を行います。日本で2009（平成21）年からはじまった裁判員制度は、参審制の一種とされます。裁判員制度の下で実施される裁判員裁判は、刑事事件の裁判に、一般市民が裁判員として加わり、裁判官と協働して判断を下す特殊な裁判です。すべての刑事事件に裁判員制度が適用されるわけではなく、死刑または無期の懲役に当たる罪といった重罪事件に限られます。

▼裁判員の職務

裁判員裁判では、原則として６名の裁判員が、３名の職業裁判官とともに、有罪か無罪かの決定と、量刑の判断を行います。裁判員は、有権者のなかからくじで選んで作成した名簿に基づいて選定されます。選ばれた裁判員は、裁判官と一緒に、刑事事件の法廷（公判）に出席し、判決まで携わります。

公判では、証拠書類の取り調べ、証人や被告人への質問が行われ、裁判員が質問することもできます。有罪かどうかの決定や量刑の判断は、裁判官と

一緒に議論（評議）して決定（評決）されます。議論を尽くしても、全員一致の意見に至らなかった場合には、多数決で決定することになります。裁判員は、司法への信頼を損なわないよう、評議や評決の内容といった、その職務上知りえた秘密を保持する義務を負います。

裁判員に選ばれた一般市民は、仕事や家事などを抱えながら参加することになりますので、裁判員の負担が大きくならないように配慮しなければなりません。そこで、裁判所では、事前に、事件の争点や証拠を整理して審理計画を明確にするための手続きが行われます。その結果、裁判員が職務に就く期間は、おおむね5日前後となっています。

3 違憲審査

① 違憲審査制

▼違憲審査制とは

憲法は国の最高法規であり、基本的人権を定めています。しかし、もしも憲法に反する法律が制定されたり、立法や行政によって基本的人権を侵害するような国家行為が行われた場合には、そのような行為を違憲・無効と判断して救済する仕組みが求められます。このようないわば「憲法の番人」の役割を担うのが、違憲審査制といわれるシステムです。

憲法第81条は「最高裁判所は、一切の法律、命令、規則又は処分が憲法に適合するかしないかを決定する権限を有する終審裁判所である」と定めています。この憲法適合性を判断する権限のことを違憲審査権といいます。

第二次世界大戦中、独裁制のもとでは立法による人権侵害が起こり、各国の人々は、法律による侵害から人権を保障する必要性を強く認識するようになりました。その結果、戦後、違憲審査制は、憲法を保障する重要な制度として、日本だけでなく広く各国で採用されるに至りました。

▼付随的違憲審査制

違憲審査制は、大きく分けて2種類あります。1つ目は、違憲審査のために特別に設置された憲法裁判所が、具体的な争訟とは無関係に、抽象的に違憲審査を行う方式です。これを、「抽象的違憲審査制」と呼びます。2つ目は、通常の裁判所が、具体的な争訟を解決するのに必要な限度で、問題となる法条の違憲審査を行う方式です。これを、「付随的違憲審査制」といい、日本もこちらを採用していると解されています[5]。

*5　警察予備隊違憲訴訟
最大判昭和27年10月8日。

第13章 裁判所の役割と仕組み（司法権、憲法の保障：違憲審査制）

② 違憲審査の主体と対象

わが国の違憲審査権は、最高裁判所だけではなく、下級裁判所も行使できます[*6]。憲法第81条によると、違憲審査の対象は「一切の法律、命令、規則又は処分」とされています。そのため、列挙されていない条約や、立法が必要であるのに立法しないという立法不作為は審査の対象となるのか、問題となります。

憲法と条約を見比べて、条約が憲法より優位に立つならば、条約は違憲審査の対象にはなりません。この憲法と条約のどちらが優位に立つかという点については、意見の対立がありますが、通説および判例では、憲法が条約に優越すると考えられています。その上で、少なくとも条約がもつ国内法としての側面については、第81条の「法律」に準じるものとして違憲審査の対象とするのが妥当と考えられています。判例も、砂川事件判決[*7]において、条約も審査の対象となりうることを認めています。

憲法上は立法が求められているにもかかわらず、国会が立法を怠っている場合の立法不作為については、具体的な争訟の前提問題として争われている限りは違憲審査の対象になるといえます。ただし、裁判所には立法を命じたり、立法を代行する権限は与えられていません。さらに、立法府には立法するかしないかを含めて裁量が広く認められるため、不作為が違憲であるとしても救済の実現に難しさがあります。

*6 食糧管理法違反事件
最大判昭和25年2月1日。

*7 最大判昭和34年12月16日。

③ 違憲判断の方法と判決（法令違憲・適用違憲）

裁判所は必要以上に政治部門の判断に介入すべきでないと考えられているため、必ず合憲か違憲かの判断を下すとは限りません。合憲か違憲かという憲法判断をしないで事件を解決できる場合には、憲法判断が回避される場合もあるのです。違憲審査を行う場合には、対象となる法令の文面のみで結論を出せる場合もありますが、立法目的および立法目的を達成する手段の合理性を裏づける立法事実の検証が必要な場合もあります。

審査の結果、下される違憲判断には、大きく2種類の方法があります。法令そのものを違憲とする法令違憲の判決と、法令自体は合憲であるものの当該事件の当事者に適用される限りにおいて違憲であるとする適用違憲の判決です。これまでのところ、日本ではいずれの違憲判決もあまり出されていません。

④ 違憲判決の効力

▼違憲判断の効力

　ある法律が最高裁で違憲無効と判断された場合、その法律はどのように扱われるのでしょうか。違憲判決の効力をめぐっては諸説ありますが、その事件に限って問題となった法律の適用が排除されるという見解（個別的効力説）が妥当とされます。付随的違憲審査制のもとでは、あくまで当該事件の解決に必要な範囲でのみ違憲判断がなされるためです。法律の改廃を含む立法権は国会のみが行使できますから、例え違憲判決が出されても直ちに法律の効力や存在が消えることはありません。しかし、違憲判決が出された場合、国会における速やかな改廃や行政機関による法律の執行の差し控えが期待されているといってよいでしょう。

▼違憲判断の拘束力

　では、最高裁判所が出した「判決理由」の部分（判例）は、後続の裁判の判断を拘束するのでしょうか。通常、判例は後の裁判の先例として扱われます。そのため、法的拘束力には至りませんが、事実上の拘束力はある、といえるでしょう。事実上の拘束力があるといっても、時の経過により事情が大きく変わった場合や先例が誤っていた場合のように、十分な理由がある場合には判例の変更は可能と解されています。

確認テスト

① あらゆる紛争が司法権の対象となるわけではなく、裁判を受けることができるのは、＿＿＿＿＿＿＿に限られる。

② 憲法には、内閣の恣意的な任命の危険を防ぎ、国民が直接裁判所に民主的コントロールを及ぼす仕組みとして、最高裁判所裁判官に対する＿＿＿＿＿の制度がある。これは、＿＿＿議院議員総選挙と同時に実施され、＿＿＿歳以上の選挙権を持つ者に投票権が与えられる。

③ 違憲審査の仕組みには2種類ある。違憲審査のために特別に設置された憲法裁判所が、抽象的に違憲審査を行う方式を＿＿＿＿＿＿＿＿という。他方、通常の裁判所が、＿＿＿＿＿＿＿を解決するのに必要な限度で、問題となる法条の違憲審査を行う方式を＿＿＿＿＿＿＿＿という。日本は後者の仕組みを採用している。

（解答は189ページ、またはQRコードを読み取り）

第13章　裁判所の役割と仕組み（司法権、憲法の保障：違憲審査制）

考えてみよう

① 裁判には、なぜいろいろな種類があるのでしょうか。
② 司法権に注目した場合、人権を守るために、憲法はどのような規定や仕組みを用意していますか。あげられるものをすべて考えてみましょう。
③ 公正な裁判を実現するために必要な要素は何でしょうか。思いつくものをすべてあげてみましょう。
④ 国会議員と裁判官は、それぞれ立法権と司法権という国家権力を行使することができますが、選ばれ方に違いがあります。選出方法の違いがどのような影響を及ぼしているか、考えてみましょう。
⑤ あなたが裁判員に選ばれたら、どのような心構えで臨みますか。

【参考文献・ホームページ】

芦部信喜・高橋和之補訂『憲法　第6版』岩波書店　2015年
野中俊彦・中村睦男・高橋和之・高見勝利『憲法Ⅱ　第5版』有斐閣　2012年
高橋和之『立憲主義と日本国憲法　第4版』有斐閣　2017年
裁判所「裁判員制度」
　http://www.saibanin.courts.go.jp（2018年3月20日閲覧）

第14章　平和主義と国を守ること
―安全保障、自衛隊の存在―

はやと先生　世界の国々の憲法を見渡しても、日本国憲法がある条文において他にないユニークな憲法であることをみらいさんは知っていますか？

みらいさん　なんでしょう？　どの条文でしょうか？

はやと先生　それは第９条になります。平和主義を具体的に表す条文です。

みらいさん　第９条といえば、戦争の放棄ですね。日本は第二次世界大戦で多くの犠牲を出した反省から、もう２度と戦争はしないと第９条が定められたと教わりました。でも、なぜこれがユニークなのですか？

はやと先生　日本は、戦争は二度としないという反省もありますが、実は、日本国憲法の原案を作ったのは、連合国軍、特にアメリカなんです。アメリカは、もう日本がアメリカや他の国に危害を与えないよう、戦争放棄とともに、軍隊の保持すらできないよう、第９条第２項で「陸海空その他の戦力は、これを保持しない」という条文を入れるよう迫り、日本の政府はこれを受け入れたという経緯があるのです。実は世界の常識として独立国は「自分の国」を守る「自衛権」が認められ、そのための戦力を保持することは当たり前のことなのです。しかし第９条をそのまま読むと、日本は自衛権すら放棄したような意味に捉えかねません。

みらいさん　でも、日本には自衛隊がありますよね。自衛隊は、その名の通り国を守る組織です。武器も持っていますから、これは戦力にならないのですか。戦力を保持しないという第９条と矛盾していませんか？

はやと先生　これについての解釈や政府の見解はいろいろとあって、非常にセンシティブな問題なんです。いま、憲法改正の議論もありますが、第９条や自衛隊をどのように位置づけるかは一つの大きな焦点になっています。ここでは、その是非を論じるのではなく、どのような経緯で第９条があり、その運用や解釈があるのかを解説して、みなさんなりに意見を持てるような材料を提供したいと思います。

みらいさん　私たちの未来にかかわる重要な問題ですね。私もひとりの大人としてきちんと意見が持てるように考えたいと思います。

1 平和主義

① 歴史のなかの平和主義

　歴史のなかで平和主義は、日本国憲法の制定を待つまでもなく、たびたび条文化されてきました。古くはフランス革命（1789年）直後の1791年憲法にはじまる諸国の憲法があり、著名な条約に限定しても、第一次世界大戦（1914年〜1918年）後の国際連盟規約（1919年）、戦争放棄に関する条約[*1]（1928年）、第二次世界大戦（1939年〜1945年）後の国際連合憲章（1945年）などがあります。

[*1] パリ不戦条約、ケロッグ＝ブリアン協定ともいいます。

　国際連盟規約では、「聯盟国は、平和維持のためにはその軍備を国の安全及び国際義務を共同動作を以ってする強制に支障なき最低限度まで縮小するの必要あることを承認す」（第8条1項）とされていました。また、戦争放棄に関する条約では、「締約国は、国際紛争解決のために戦争に訴えることを非難し、かつ、その相互の関係において国家政策の手段として戦争を放棄することを、その各々の人民の名において厳粛に宣言する」（第1条）、「締約国は、相互間に発生する紛争又は衝突の処理又は解決を、その性質または原因の如何を問わず、平和的手段以外で求めないことを約束する」（第2条）とされていました。

　現行の国際連合憲章でも、「国際連合の目的は、国際の平和及び安全を維持すること」（第1条1項）とし、「すべての加盟国は、その国際紛争を平和的手段によって国際の平和及び安全並びに正義を危うくしないように解決しなければならない」（第2条3項）、「すべての加盟国は、その国際関係において、武力による威嚇又は武力の行使を、いかなる国の領土保全又は政治的独立に対するものも、また、国際連合の目的と両立しない他のいかなる方法によるものも慎まなければならない」（第2条4項）としています。

　しかし、これらの条約で否定されている戦争は「侵略戦争」であり、「自衛のための戦争」は否定されていないと解されています。ほとんどの戦争が「自衛のため」という名目でなされてきたことを考えれば、歴史の中の平和主義のもつ力は、それほど大きくないことがわかります。なお、現行の国際連合憲章は、「安全保障理事会が国際の平和及び安全の維持に必要な措置をとるまでの間、個別的又は集団的自衛権」を認めています（第51条）。

第14章　平和主義と国を守ること―安全保障、自衛隊の存在―

❷　日本国憲法の平和主義

▼日本国憲法の平和主義の特徴

　日本国憲法の平和主義の特徴は、第二次世界大戦への反省（アジア諸国に戦争の惨禍をもたらしたことや、約310万人もの国民が亡くなったことなど）に基づき、前文で「平和を愛する諸国民の公正と信義に信頼して、われらの安全と生存を保持しようと決意し」、第９条で「すべての戦争の放棄」「戦力の不保持」「国の交戦権の否定」をしていることにあるといえます。こうした平和主義が、「基本的人権の尊重」や「国民主権」を背後から支えています。

▼憲法第９条制定の過程

　1946（昭和21）年、日本政府の松本試案[*2]を否定した連合国最高司令官総司令部は、マッカーサー草案の重要な三点を勧告します（マッカーサー・ノート）。現在の憲法第９条の原型となる草案の第二原則では、「国家の主権的権利としての戦争を廃止する。日本は、紛争解決のための手段としての戦争、および自己の安全を保持するための手段としてのそれをも、放棄する。日本はその防衛と保護を、今や世界を動かしつつある崇高な理想に委ねる。いかなる日本陸海空軍も決して許されないし、いかなる交戦者の権利も日本軍には決して与えられない」[1)]とされていました。その後、「他国との間の戦争の解決」の手段としてはという文言が付加され（現行の第９条１項）、草案要綱、内閣草案が公表されます。そして、貴族院と、日本初の男女平等の普通選挙後の衆議院議員からなる帝国議会で、第９条２項の冒頭に「前項の目的を達するため」という修正を加えるなどし（芦田修正）、枢密院の審議や天皇の裁可等を経て、形式上は大日本帝国憲法第73条に基づく改正という形で憲法第９条を含む日本国憲法が公布され、翌1947（昭和22）年５月３日から施行されました。

　これら一連の過程からは、東西対立が激化する直前の連合国最高司令官総司令部の強い意向が働いていたことがわかります。他方で、男女平等の普通選挙実施後の国会で議論され、その後憲法第９条が定着していくこととなります。もちろんその背景にあるのは、第二次世界大戦による惨禍です。

▼前文および第９条の解釈論

　まず、憲法前文は、第１段で「政府の行為によって再び戦争の惨禍が起ることのないやうにすることを決意し」、第２段で「日本国民は、恒久の平和を念願し、人間相互の関係を支配する崇高な理想を深く自覚するのであつて、平和を愛する諸国民の公正と信義に信頼して、われらの安全と生存を保持しようと決意した。われらは、平和を維持し、（中略）国際社会において、名

*2　幣原内閣の松本烝治国務大臣を長とする憲法問題調査委員会で作成された憲法改正案のことをいいます。

誉ある地位を占めたいと思ふ。われらは、全世界の国民が、（中略）平和のうちに生存する権利を有することを確認する」と規定しています。前文を受けて第9条1項では、「日本国民は、正義と秩序を基調とする国際平和を誠実に希求し、国権の発動たる戦争と、武力による威嚇又は武力の行使は、国際紛争を解決する手段としては、永久にこれを放棄する」と規定し、2項では、「前項の目的を達するため、陸海空軍その他の戦力は、これを保持しない。国の交戦権は、これを認めない」と規定しています。

ここでは、まず問題となるのは「自衛のための戦争まで放棄されたのか」です。この点については、（ア）放棄されていないとの考え（非放棄説）もありますが、一般には放棄していると解されています（放棄説）。放棄説のなかでも、（イ）1項で放棄されたと解するものもありますが、（ウ）1項では放棄されていないが、2項で「戦力の不保持」や「国の交戦権は、これを認めない」とされたこと等の結果として、自衛のための戦争も放棄しているとの考えが多数です。

次に、日本国憲法でも「自衛権」が認められているのかが問題となります。「自衛権」は独立国家ならばすべての国が有する当然の権利であり、日本も例外ではありません。また自衛権は、前述の国連憲章第51条の「個別的自衛権」としても認められています。

さらに、「戦力とは何か」も問題となります。通説は、戦力とは「軍隊および有事の際にそれに転化しうる程度の実力部隊」であり、「その目的が、軍隊は外国に対して国土を防衛するのに対し、警察力は国内の治安の維持と確保にあること」、「実力内容がそれぞれの目的にふさわしいものである」としています[2]。これに対して政府は、「自衛のための必要最小限度の実力」は、戦力にあたらないと考えてきました。

2 日本国憲法の前文および第9条1項・2項をめぐる現実

① 警察予備隊から保安隊へ、そして自衛隊へ

▼目的と実力内容

日本国憲法成立後、アメリカと（旧）ソ連などとの東西対立は激しさをまし、1950（昭和25）年には朝鮮戦争がはじまり、国際情勢は第二次世界大戦当時とは激変します。これにあわせて、同年には警察予備隊が設置されます（定員7万5000人）。その目的は、「警察予備隊の活動は警察の任務の範囲に

第14章 平和主義と国を守ること―安全保障、自衛隊の存在―

限られる」(警察予備隊施行令第3条)とされていました。これに対して警察予備隊違憲訴訟*3が提起されますが、具体的な事件争訟が提起されていないことを理由に(第81条)却下されています。

*3 最大判昭和27年10月8日。

1952(昭和27)年には、保安庁法にもとづき警察予備隊を改組した保安隊(約10万8000人)と、海上部隊としての警備隊が成立します。戦力の定義との関係で問題となる目的との関係では、保安庁法では、警察予備隊令に規定されていた警察権の行使に関する文言がなくなっています。

1954(昭和29)年には、日米相互防衛協定の締結を受けて、自衛隊法と防衛庁設置法が成立し、防衛庁(現在の防衛省)の下に、陸上自衛隊・海上自衛隊・航空自衛隊が成立します(2017(平成29)年の定員は約24.7万人で、予算は世界の6～8位程度)。

② 憲法と自衛隊・日米安全保障条約

▼憲法と自衛隊

自衛隊の合憲性に関しては、恵庭事件*4、長沼ナイキ訴訟*5、百里基地訴訟*6などがあります。

*4 札幌地判昭和42年3月29日。

*5 最判昭和57年9月9日。

*6 最判平成元年6月20日。

恵庭事件(刑事事件)は、自衛隊の演習用通信を切断したとして自衛隊法121条の「防衛の用に供する物の損壊」の罪で隣接地の牧場経営者が起訴されたものです。裁判では被告側が自衛隊は憲法第9条に違反すると主張し裁判に臨みましたが判例は演習用の通信線は121条に該当しないとして憲法判断を回避しました。

長沼ナイキ訴訟(行政事件)は、航空自衛隊のナイキ(ミサイル)基地を建設するために国有保安林指定解除を行ったことの有効性を争ったものです。第一審は自衛隊を戦力に該当するとしましたが、最高裁は代替工事が行われたこと等を理由に訴えの利益を失ったとする第二審判決を支持し、憲法判断を示しませんでした。

百里基地訴訟(民事事件)は、自衛隊用地の買収をめぐり争われたものですが、最高裁は、間接適用説を前提に、国(自衛隊)との契約は民法第90条違反とはいえないと判示し、ここでも自衛隊が戦力に当たるかどうかを正面から判示しませんでした。

このように裁判所は、自衛隊が戦力に該当するかどうかの判断を避ける傾向にあります。学説上は、自衛隊は第9条2項の戦力に該当し、憲法違反の疑いがあるとの主張も有力です。他方、世論調査では、概ね自衛を肯定的に捉えています。このようななかで現在では、「憲法第9条に自衛隊を明記す

る憲法改正案」等も議論されています。

▼憲法と日米安全保障条約

　1951（昭和26）年、日本はサンフランシスコ平和条約と同時に、アメリカ軍の駐留権を認める（旧）日米安全保障条約を結びました。これは、「日本は国内へのアメリカ軍駐留の権利を与える。駐留アメリカ軍は、極東アジアの安全に寄与するほか、直接の武力侵攻や外国からの教唆などによる日本国内の内乱などに対しても援助を与えることができる」（第1条）とするアメリカ側の片務的な性格のものでした。これに対して、1960（昭和35）年に改定された（新）日米安全保障条約は、「各締約国は、日本国の施政の下にある領域における、いずれか一方に対する武力攻撃が、自国の平和及び安全を危うくするものであることを認め、自国の憲法上の規定及び手続に従って共通の危険に対処するように行動することを宣言する」（第5条）としており、日米双方の双務的な性格を有するものに変更されました。尖閣諸島に日米安保条約の適用があるかと報道されているのは、この第5条のことです。

　さらに、2015（平成27）年に成立し2016（平成28）年から施行された平和安全法制（新設の国際平和支援法と一部改正を束ねた平和安全法整備法）は、日米の双務性をさらに強化し、集団的自衛権の一部を容認する内容となっています。これは、従来の内閣法制局の集団的自衛権の行使は認められないとの見解を変更するものであり、この法制に対する違憲論もあります。

　これらの日米安全保障条約に対する判例をみていきましょう。まず、（旧）日米安全保障条約の合憲性に関する判例としては、砂川事件判決[*7]があります。ここでは、憲法第9条の戦力に関し「結局わが国自体の戦力を指し、外国の軍隊は、たとえそれがわが国に駐留するとしても、ここにいう戦力には該当しないと解すべきである」と判示しています。また、日米安全保障条約自体に関しては、「一見極めて明白に違憲無効であると認められない限りは、裁判所の司法審査の範囲外であって、それは第一次的には、右条約の締結権を有する内閣及びこれに対して承認権を有する国会の判断に従うべく、終局的には、主権を有する国民の政治的批判に委ねられるべきものと解するを相当とする」と統治行為論的な判断をしています。

　次いで、（新）日米安全保障条約後のものとしては、沖縄代理署名訴訟判決[*8]があります。ここでは、砂川事件判決を踏襲して、「日米安全保障条約及び日米地位協定が違憲無効であることが一見極めて明白でない以上、裁判所としては、これが合憲であることを前提として駐留軍用特別措置法の憲法適合性についての審査をすべきである」としています。

　平和安全法制に関しては、国会で議論されるべき問題ですが、今後も具体

[*7] 最大判昭和34年12月16日。

[*8] 最大判平成8年8月28日。

第14章　平和主義と国を守ること―安全保障、自衛隊の存在―

的な刑事・民事・行政事件との関係で多くの裁判が提起されることが予想されます。

▼**平和主義と国を守ることとのディレンマ**

憲法第9条は、日本国憲法制定当時から、「押しつけ憲法論」との関係で憲法改正が主張されてきました。本章で見てきたように、たしかに憲法第9条の骨格は連合国最高司令官総司令部の草案がもととなっています。しかし、同時に戦後初めての男女平等の普通選挙で選ばれた衆議院等で実質的な議論もなされ、その後定着してきたという経緯もあります。

また、日本国憲法は前文に「日本はその防衛と保護を、今や世界を動かしつつある崇高な理想に委ねる」とあるように、平和主義を支えるものとして、国際連合による平和の維持に期待していたことがうかがわれます。しかし、これを担当する国際連合の安全保障理事会は、常任理事国の拒否権行使により、あまり機能しているとはいえません。国連による平和にも限界があることが明白になってきました。このようななかで、ガラス細工のような解釈論によって、かろうじて、憲法前文や第9条の「平和主義」の理念と、国際情勢の変化のなかで「国を守る」こととのバランスを保ってきました。しかし、第9条をめぐる巧妙な解釈論は、常に人権規範を含む憲法全体の規範性を弱めることと表裏の関係にありました。

そのようななかで、憲法解釈上争いのある平和安全法制が制定され、次いで憲法第9条の改正自体も議論されています。そうなると司法権のあり方（司法消極主義か積極主義か）も問題となりますが、最終的には、国民主権のあり方自体が問われてきます。第二次世界大戦後の悲惨な状況のなかで「これだけは」と第9条に込めた憲法制定当時の民意と、各議院の「総」議員の「3分の2」以上の賛成で国会が発議し「国民投票等による過半数の賛成」を求めるという憲法改正権に封じ込められた現在の民意（第96条）が正面から向き合うことになります。この場合、現在の民意は、今の日本を取り巻く状況だけではなく、第二次世界大戦後の憲法制定当時の「これだけは」という民意も受け止めた上で判断することが必要になります。

確認テスト

①日本国憲法で平和主義を直接規定しているのは、前文と第__条である。
②第9条1項では、「…国権の発動たる____と、_____又は_____は、国際紛争を解決する手段としては、永久にこれを____する」と規定している。

③第9条2項では、「前項の目的を達するため、陸海空軍その他の＿＿＿は、これを保持しない。国の＿＿＿＿＿＿はこれを認めない。」と規定している。

④多くの説では、日本国憲法は、侵略戦争だけではなく、＿＿＿のための戦争も放棄していると解している。

⑤判例は、自衛隊が第9条2項の戦力にあたるかどうかの憲法判断を、＿＿＿＿＿＿＿＿＿等で避ける傾向がある。

⑥日米安全保障条約に関する判例が＿＿＿＿＿＿＿判決であり、最高裁は、日本に駐留する外国の軍隊は、＿＿＿にあたらないと判断している。

⑦2015年に成立した平和安全法制は、個別的自衛権だけではなく、＿＿＿＿＿＿＿＿＿＿＿の一部を認めており、この合憲性については争いがある。

⑧憲法改正のためには、各議院の＿＿＿＿＿＿の＿＿＿＿＿＿＿以上の賛成で、国会がこれを発議し、＿＿＿に提案してその承認を経なければならない。

（解答は189ページ、またはQRコードを読み取り）

考えてみよう

① 日本は第二次世界大戦後、日本国憲法第9条の定めによって平和主義を貫いて一度も戦争をしたり、巻き込まれたりしたことがありません。しかし、この間世界では多くの戦争や紛争が起こっています。なぜ、日本は70余年もの間、戦争に関わることなく過ごすことができたのでしょうか。

② 第9条で「戦力の不保持」を謳っていますが、他国から国を守るための戦力として自衛隊が存在します。あなたは、この自衛隊の存在について、安全保障や憲法上の観点からどのように考え、位置づければよいと考えますか。

【引用文献】
1）芦部信喜『憲法学Ⅰ憲法総論』有斐閣1992年 p.162
2）芦部信喜・高橋和之補訂『憲法 第六版』岩波書店2015年 p.60-61

【参考文献】
佐藤功『日本国憲法概説 全訂第3版』学陽書房 1985年
芦部信喜『憲法学Ⅰ憲法総論』有斐閣 1992年
佐藤幸二『憲法 第3版』青林書院 1995年
高橋和之『立憲主義と日本国憲法』有斐閣 2005年
芦部信喜、高橋和之補訂『憲法 第六版』岩波書店 2015年

第15章 憲法的な人権尊重と福祉的な思いやり・優しさとの調和

はやと先生 ここまで日本国憲法を学んできて、みらいさんは、憲法をどのように感じましたか？

みらいさん 普段はあまり気にしていませんでしたが、改めて憲法は私たちの暮らしのなかに深く根付いていることがわかりました。それに保育者をめざす私たちは、人権を常に意識しながら保育や教育に取り組まなければならないのだと感じました。

はやと先生 そのように感じ取ってもらってうれしいです。保育者は子どもや保護者の人権を守る実践者でもあります。日本国憲法の精神である基本的人権の尊重は、実践されてこそ意味あるものですからね。

みらいさん でも、実際に保育者になって働くようになれば、現場でいろいろな問題に直面して、悩んだり、困ったりすることもあると思います。そんなときはどうすればいいのでしょうか？

はやと先生 そうですね。子どもの権利条約に、「子どもの最善の利益」を優先することが謳われています。保育者は、まず、子どもの人権を最優先に考えるべきでしょう。その上で、憲法には、他者の権利も侵さないよう「公共の福祉」という調整機能をあわせ持っていましたね。その問題が他者の権利や人権を侵していないかを考えて対応していけばよいのではないでしょうか。

みらいさん なるほど。子どもの最善の利益、人権、公共の福祉ですね。これを頭に入れながら保育者として成長していきたいです！

はやと先生 頼もしいですね。ぜひ、みんなから信頼される素敵な保育者になってくださいね。

みらいさん はい！

1　保育者養成課程の学生調査からみた人権尊重の学び

①　判断する内容と方法

　ここでは、第1章から第14章までのような日本国憲法を学習した保育者養成課程の学生が、「人権尊重のイメージ」「人権尊重の本質」「人権が衝突した場合どのように考えているのか」をみていきます。そのために、2018（平成30）年に実施した、保育者養成課程で「日本国憲法」を履修した学生[*1]を対象としたアンケート調査の結果（以下、第1研究）から見ていきます。その際、筆者が2000（平成12）年に実施した、介護福祉士養成課程で「法学（日本国憲法を含む）」を履修した群と履修していない群との比較の結果（以下、第2研究）を参考にして判断していきます[*2]。

②　人権尊重のイメージ

　表15－1は、「人権尊重のイメージ」を尋ねた結果です。「かけがえのないもの」「重いもの」が上位にあり、次いで「大変なもの」がきています。「冷たいもの」「柔らかいもの」「簡単なもの」は下位にあります。実は、第2研究とその順位を比べてみると、6位と7位が入れ替わった以外は同一の結果でした。この結果から、日本国憲法を履修した学生に人権尊重の大切さは、伝わっているのではないでしょうか。

表15－1　人権尊重のイメージ

順位	項　　　目	得点
1	かけがえのないもの	4.48
2	重いもの	4.42
3	大変なもの	3.88
4	硬いもの	3.52
5	暖かいもの	3.45
6	冷たいもの	2.47
7	柔らかいもの	2.22
8	簡単なもの	1.58

[*1] 保育士養成の実習は修了したが、幼稚園実習に行っていない学生。

[*2] なお、2つのアンケート調査は、いずれも集合調査法により、「1　そう思わない　2　あまりそう思わない　3　どちらともいえない　4　少しそう思う　5　そう思う」の平均値を求めたものです（回収率は第1研究100%、第2研究98.8%）。

③ 人権尊重の本質

表15-2は、「人権尊重の本質」について尋ねた結果を示しています。ここでは、日本国憲法の内容だけではなく、「思いやり」「優しさ」といった心情などもあわせて聞いています（表中の解釈は、事後的に付加）。

表15-2からわかるように、1位：平等権（4.67）、2位：生存権（4.58）、4位：自由権（4.42）という人権の種類が上位にきています。その間の3位に「保育者が利用者の人権を侵害しないこと」（4.52）という前提があり、また、5位の「思いやり」（4.24）という心情も高得点です。

この結果は、第2研究も同じ傾向を示していました。当時は日本国憲法が選択科目であったため、「履修した群」と「履修していない群」との比較することもできました。その結果、「利用者の人権を侵害しないこと」[*3]「利用者と介護者の人権を調整すること」[*4]の2項目には統計的に有意な差がみられ、前者の方が高くなっていたのです。他の結果がほぼ同じことから、保育者養成課程で学ぶ学生の場合でも、もし日本国憲法を履修していなかったならば同じ結果となったと思われます。「利用者の人権を侵害しないこと」、「利用者と保育者の人権を調整すること」も日本国憲法を履修することにより学んでいると推測することができます。

[*3] 履修した群4.67に対し、履修していない群は4.29。

[*4] 履修した群3.90に対し、履修していない群は3.30。

表15-2 人権尊重の本質

順位	項目	解釈	得点
1	利用者を平等に扱うこと	平等権	4.67
2	利用者の生存（生活）を尊重すること	生存権	4.58
3	保育者が利用者の人権を侵害しないこと	前提	4.52
4	利用者の自由を尊重すること	自由権	4.42
5	思いやり	心情	4.24
6	利用者と保育者の人権を調整すること	方法	4.03
7	優しさ	心情	3.82
8	自分の強さ	心情	3.03
9	保育者が我慢すること	心情	2.27

④ 人権と人権が衝突した場合の判断

表15-3は、人権と人権が衝突した場合の判断についての結果を示しています。質問は、論理的に、「衝突の前提となる項目（前提）」「衝突した場合の判断方法に関する項目（方法）」「実質的に何を大切に判断するか（実質）」から組み立てられています（前提・方法・実質は、調査後記載）。

その結果、前提となる、「利用者の人権の尊重」も「保育者の人権の尊重」も大切だと理解できています。他方、「人権と人権が衝突する」は、やや低くなっています。なお、同様の結果となった第2研究では、「介護者の人権尊重」については、「履修した群」の得点も「履修していない群」の得点も高いのですが、前者の方がより高かったことから、憲法の履修によりその傾向が強まった可能性があります。

衝突した場合の判断（方法）については、考えが分かれていますが、「その場その場で判断する」や「損害や利益の比較考量による」より「あらかじめ基準を決めておく」がやや高い傾向があります。何を大切に判断するか（実質）については、「利用者の人権を優先する」や「一般の人より保育者は人権を尊重しなければならない」は中位であり、「保育者の人権を優先する」の得点は低くなっています。

表15-3 人権と人権が衝突した場合の判断

水準	項目	得点
前提	利用者の人権は尊重されなければならない	4.88
〃	保育者の人権は尊重されなければならない	4.70
〃	利用者の人権と保育者の人権は衝突する	3.48
方法	人権が衝突したときは、その場その場で判断する	3.48
〃	人権が衝突したときは、損害や利益の比較考量による	3.36
〃	人権が衝突したとき、あらかじめ基準を決めておく	3.82
実質	人権が衝突したときは、利用者の人権を優先する	3.48
〃	人権が衝突したときは、保育者の人権を優先する	2.52
〃	一般の人より保育者は人権を尊重しなければならない	3.22

第15章　憲法的な人権尊重と福祉的な思いやり・優しさとの調和

2 保育者に求められる人権尊重の意味

　このようにみてくると、保育者をめざす人は、人権の重要性は認識しています。また、論理的な思考は、十分とはいえないかもしれませんが、基礎まではほぼ習得できていることがわかりました。この「人権の大切さ」の認識を持ち続けること、「論理的な判断方法の習得」は、保育者となった後も同様です。それに加えて、個々具体的な保育場面で人権尊重を大切にしながら、瞬時に適切な判断をする能力が求められます。

　実は、筆者の日本国憲法の最終回の講義は、20年来「憲法学的な人権尊重と福祉的な優しさの調和」としています。第1章から第14章までは、価値秩序としての日本国憲法と、法的な論理的な思考を求めています。そもそも第1章の「法と道徳の関係」の部分では、「道徳」に関することは取り上げないとしてスタートしました。しかし、保育者養成課程全体で考えるならば、保育者と子どもとの間で、養護や信頼関係の構築、学びに向かう力がスタートとなります。そうすると、日本国憲法の講義のなかでも、価値や論理性に加えて、保育者養成課程全体のなかで学んでいく「思いやり」や「優しさ」が必要であることを意識しながら講義し、伝える必要性があります。

　筆者自身、1998（平成10）年に日本国憲法と同様の人権の価値観にもとづくデンマークの幼稚園や福祉施設を訪問したときに、「デンマークのノーマリゼーション原理を支えるものも日本のそれも同じであるにかかわらず、ノーマリゼーション原理の実践という点で大きく異なるのは何故であろうか。日本では、日本国憲法の理念が十分に理解されていないのか、<u>教育制度で生かされていないのか</u>、あるいは本音と建前（憲法の理念）を使い分けているのか、さらに別の要素が必要なのか等、<u>その結論を出すことは筆者の現在の能力を超えている</u>。しかし、このプロセスを経ずして、日本型のノーマリゼーションを求めることも困難なように思われる」[1]と感じていました。

　あれから20年。現在では小学校以降の学習指導要領に「法教育」が採り入れられ、2022年からは高等学校で「公共」が創設されようとしており、「教育制度」のなかで日本国憲法の理念が生かされようとしています。また、2018（平成30）年から施行された幼稚園教育要領や保育所保育指針、幼保連携型認定こども園教育・保育要領のなかでは、認知能力のみならず、「我慢できること」や「感情をコントロールできること」などの認知能力の大切さも打ち出されました。このことは、保育者養成の教育課程内外の活動でも大切だと考えられます。そうすると20年前に「その結論を出すことは筆者の現

185

在の能力を超えている」としていたことの解決策が動きはじめているように思えてなりません。今後保育者として人生の一番大切な時期に接することになるみなさんには、子どもの最善の利益という価値を実現するために、論理的な思考と、思いやりや優しさを兼ね備えた素敵な保育者となってほしいと願っています。

【引用文献】
1）橋本勇人「ノーマリゼーションと日本国憲法の理念：デンマークの福祉事情を見聞して」『旭川荘研究年報』第30巻第1号　旭川荘児童福祉研究所　1999年　p.53

【参考文献】
橋本勇人「第Ⅲ章　医療福祉施設職員のアドボカシー・人権意識」『医療福祉施設職員のアドボカシー機能に関する研究：人権擁護者としての倫理的責任と法的義務』川崎医療福祉大学博士（医療福祉学）学位請求論文　2001年

考えてみよう

① 人権尊重の本質は何だと思いますか。議論してみましょう。
② 子どもの人権と、保育者の人権が対立する場面の具体例を考えてみてください。また、その具体例の解決方法と実質的な解決策を議論してみましょう。
③ 保育者として、憲法の知識や論理と、思いやりや優しさとはどのような関係にあるかを考えてみましょう。

■確認テスト　解答

第1章

① 権利（の）保障　権力分立
② 成典憲法　硬性憲法　民定憲法
③ 最高法規　違憲審査権
④ 個人の尊厳
⑤ 授権規範　制限規範
⑥ 基本的人権の尊重　国民主権　平和主義
⑦ 基本的人権の尊重　国民主権　基本的人権の尊重
⑧ 最小限
⑨ 憲法　法律　政令　省令　告示　告示
⑩ 公法　公法　私法

第2章

① ワイマール憲法
② 法律の留保
③ 法の支配　憲法

第3章

① 人権享有主体性
② 固有性　不可侵性　普遍性
③ 公共の福祉
④ 厳格な基準　合理性の基準
⑤ 自由権　18　近代市民革命
⑥ 社会権　20
⑦ 包括的な人権／包括的基本権
⑧ 幸福追求権
⑨ 国家
⑩ 私法の一般条項

第4章

① 幸福追求　尊重
② 新しい人権
③ 知る権利　プライバシーの権利　環境権

④ 公共の福祉

第5章

① 形式的平等　実質的平等
② 立法者拘束説
③ 合理的な理由
④ 尊属殺重罰規定判決

第6章

① 目的効果
② 信条　内心
③ 沈黙の自由

第7章

① 学ぶ権利
② 研究の自由　国家権力
③ 民主主義社会　自由権
④ 侵害する　制約

第8章

① 居住・移転　職業選択　財産権
② 公共の福祉　居住・移転　職業選択
③ 人権　人権
④ 経済的　精神的

第9章

① プログラム規定
② とらなかった
③ 25　14　1

第10章

① 学習
② 経済的地位
③ 修学費無償説

第11章

① 最低労働条件
② 団体交渉権　争議権（団体行動権）　労働三権
③ 地位の特殊性　職務の公共性

第12章

① 立法　行政　司法
② 最高機関　立法機関
③ 国会　責任　国務大臣
④ 普通地方公共団体　特別地方公共団体　条例

第13章

① 具体的な争訟／法律上の争訟
② 国民審査　衆　18
③ 抽象的違憲審査制　具体的な争訟　付随的違憲審査制

第14章

① 9
② 戦争　武力による威嚇　武力の行使　放棄
③ 戦力　交戦権
④ 自衛
⑤ 統治行為論
⑥ 砂川事件　戦力
⑦ 集団的自衛権
⑧ 総議員　3分の2　国民

索　引

【あ行】

旭川学力テスト事件	94、127
朝日訴訟	118
新しい人権	52
尼崎高校入学不許可事件	128
アファーマティブアクション	
→　積極的差別是正措置	
委員会中心主義	150
違憲審査基準	105
違憲審査権	15
違憲審査制	168
石に泳ぐ魚事件	99
慰謝料請求控訴事件判決	59
一般的人格権	54
一票の格差	72
「宴のあと」事件	54
恵庭事件	177
愛媛玉串料訴訟	86
ＮＨＫ記者証言拒絶事件	97
絵踏	81
「エホバの証人」輸血拒否事件	57
大阪空港訴訟	53
沖縄代理署名訴訟判決	178

【か行】

会期不継続の原則	149
学習権	126
学問の自由	91
加持祈祷事件	85
環境権	52
間接適用説	46
間接民主制	146
完全補償説	108
議院内閣制	153
機会の平等	64
規則制定権	146
基本的人権	43
義務教育費負担請求事件	129
君が代起立斉唱拒否事件	82
君が代伴奏訴訟	82
義務教育	126
教育を受ける権利	126
（狭義の）表現の自由	96
教授の自由	92
行政権	145
行政事件	161
行政責任	21
京都府学連事件	55

居住・移転の自由	104
欽定憲法	15
勤労権	136
愚行権	58
具体的権利説	117
国の教育権	94
警察法改正無効事件	163
警察予備隊違憲訴訟	168、177
形式的平等	64
刑事事件	160
刑事責任	21
結果の平等	64
厳格な基準	42
研究の自由	92
憲法改正の発議権	147
権利章典	26
権力分立制	145
公共の福祉	41、51、105
硬性憲法	15
高知放送事件	138
公的扶助	116
幸福追求権	50
神戸高専剣道実技拒否事件	87
公法	20
合理性の基準	42
国際連合憲章	175
国際連盟規約	175
国政調査権	148
国籍法違憲判決	69
国民主権	144
国民審査	166
国民投票	146
国務大臣の数	153
個人の尊厳	42
国会の運営	149
国会の地位	146
国家による自由	136
個別的効力説	170

【さ行】

最高裁判所の権限	165
最高裁判所の構成	165
最高法規	15
財産権	108
裁判員制度	167
裁判員の職務	167
裁判官の職権の独立	161
裁判の公開	166
歳費請求権	151
参議院議員選挙	152

191

参議院の緊急集会	149
三権分立制	145
参審制	167
三審制度	164
自己決定権	56
自己実現の価値	96
自己統治の価値	96
自然人	38
質疑権	150
実質的平等	64
私人間適用	45
司法	162
私法	20
司法権	145、162
…の限界	163
…の独立	161
…の範囲	162
司法府の独立	161
社会権	43、114、136
社会政策	28
社会福祉	116
社会保険	116
社会保障	115
謝罪広告事件	79
就学費無償説	129
衆議院議員総選挙	152
衆議院の優越	148
宗教的結社の自由	85
自由権	43
修正動議提出権	150
住民自治	156、157
授業料無償説	129
授権規範	15
取材の自由	97
常会	149
消極目的	106
小選挙区比例代表並立制	152
肖像権	55
象徴天皇制	144
条約の承認権	147
職業選択の自由	104
食糧管理法違反事件	169
女子再婚禁止期間規定判決	71
女子若年定年制事件	67
知る権利	96
信教の自由	84
親権	126
人権の享有主体性	38
…固有性	38
…不可侵性	38
…普遍性	38
信条説	78
森林法違憲判決	108
砂川事件判決	169、178
住友セメント事件	138
政教分離	86
制限規範	15
成典憲法	15
正当な補償	108
セクシュアル・ハラスメント	140
積極的差別是正措置	75
積極目的	106
選挙区制・比例代表制	152
選挙権	72、151
戦争放棄に関する条約	175
全農林警職法事件	139
戦力	176
争議権	139
相当補償説	108
村議会決議無効確認請求事件	162
存続殺重罰規定判決	68

【た行】

大学の自治	93
大綱領	30
大日本帝国憲法	30
弾劾裁判所の設置権	147
団結権	138
団体交渉権	139
団体行動権	
→　争議権	
団体自治	156
地方公共団体	156
抽象的違憲審査制	168
抽象的権利説	117
直接適用説	45
直接民主制	145、157
沈黙の自由	81
通常裁判所	165
津地鎮祭事件	84、86
ディーセント・ワーク	141
適用違憲	169
伝習館高校事件判決	95
電通事件最高裁判決	140
天皇および皇室の財産	145
天皇機関説事件	92
天皇の国事行為	144
ドイツ共和国憲法	
→　ワイマール憲法	
ドイツ帝国憲法	
→　ビスマルク憲法	
討論権	150
特別会	149
特別裁判所	165

【な行】

内閣	153
内閣総理大臣の指名権	147
内閣に対する質問権	150
内閣の権能	154
内閣の責任	155
内心説	80
内心の自由	41
長沼ナイキ訴訟	177
七生養護学校事件	95
奈良ため池事件	109
軟性憲法	15
二院制	146
二重の基準論	42、96、106
日本国憲法の基本原理	16、34
日本国憲法の三原則	
→　日本国憲法の基本原理	

【は行】

陪審制	167
博多駅事件	97
発議権	150
発表の自由	92
パワー・ハラスメント	140
比較衡量論	41
ビスマルク憲法	27
被選挙権	151
非嫡出子相続分規定判決	70
非放棄説	176
秘密会	149
百里基地訴訟	177
表決参加権	150
夫婦別姓規定判決	71
付随的違憲審査制	21、168
不成典憲法	15
不逮捕特権	151
普通選挙	151
プライバシーの権利	54
フランス人権宣言	26
プログラム規定説	117
変則労働時間制	137
保育所入所不承諾処分取消請求事件	59
包括的基本権	
→　包括的な人権	
包括的な人権	44、51
放棄説	176
法人	39
法人の人権共有主体の範囲	39
傍聴の自由	166
「法適用」の平等	65
報道の自由	96
法と道徳	17
「法内容」の平等	65
法の支配	33
法律案の議決権	147
法律上の争訟	162
法律の留保	31
法令違憲	169
牧会活動事件	85
ポツダム宣言	31
ポポロ事件	91
堀木訴訟	120
本会議中心主義	149
本邦外出身者に対する不当な差別的行動の解消に向けた取組の推進に関する法律	98

【ま行】

マグナ・カルタ	26
マクリーン事件判決	40
マタニティ・ハラスメント	140
三菱樹脂事件判決	46、67、81
民事事件	160
民事責任	21
民定憲法	15
免責特権	151
目的効果基準	86

【や行】

薬事法距離制限違憲判決	107
八幡製鉄政治献金事件判決	39
幼児期の教育	131
予算案議決権	147

【ら行】

立法権	145
立法者拘束説	65
立法者非拘束説	65
両院協議会	148
両院制	
→　二院制	
臨時会	149
累進課税	73
レペタ事件	167
労働基準法	137
労働三権	138

【わ行】

ワイマール憲法	28、114

日本国憲法

朕は、日本国民の総意に基いて、新日本建設の礎が、定まるに至つたことを、深くよろこび、枢密顧問の諮詢及び帝国憲法第七十三条による帝国議会の議決を経た帝国憲法の改正を裁可し、ここにこれを公布せしめる。

御 名 御 璽
昭和 21 年 11 月 3 日

内閣総理大臣兼
外 務 大 臣　　　　　　吉 田　　茂
国 務 大 臣　男爵　幣 原 喜重郎
司 法 大 臣　　　　　　木 村 篤太郎
内 務 大 臣　　　　　　大 村 清 一
文 部 大 臣　　　　　　田 中 耕太郎
農 林 大 臣　　　　　　和 田 博 雄
国 務 大 臣　　　　　　斎 藤 隆 夫
逓 信 大 臣　　　　　　一 松 定 吉
商 工 大 臣　　　　　　星 島 二 郎
厚 生 大 臣　　　　　　河 合 良 成
国 務 大 臣　　　　　　植 原 悦二郎
運 輸 大 臣　　　　　　平 塚 常次郎
大 蔵 大 臣　　　　　　石 橋 湛 山
国 務 大 臣　　　　　　金 森 徳次郎
国 務 大 臣　　　　　　膳　　桂之助

日本国憲法

　日本国民は、正当に選挙された国会における代表者を通じて行動し、われらとわれらの子孫のために、諸国民との協和による成果と、わが国全土にわたつて自由のもたらす恵沢を確保し、政府の行為によつて再び戦争の惨禍が起ることのないやうにすることを決意し、ここに主権が国民に存することを宣言し、この憲法を確定する。そもそも国政は、国民の厳粛な信託によるものであつて、その権威は国民に由来し、その権力は国民の代表者がこれを行使し、その福利は国民がこれを享受する。これは人類普遍の原理であり、この憲法は、かかる原理に基くものである。われらは、これに反する一切の憲法、法令及び詔勅を排除する。

　日本国民は、恒久の平和を念願し、人間相互の関係を支配する崇高な理想を深く自覚するのであつて、平和を愛する諸国民の公正と信義に信頼して、われらの安全と生存を保持しようと決意した。われらは、平和を維持し、専制と隷従、圧迫と偏狭を地上から永遠に除去しようと努めてゐる国際社会において、名誉ある地位を占めたいと思ふ。われらは、全世界の国民が、ひとしく恐怖と欠乏から免かれ、平和のうちに生存する権利を有することを確認する。

　われらは、いづれの国家も、自国のことのみに専念して他国を無視してはならないのであつて、政治道徳の法則は、普遍的なものであり、この法則に従ふことは、自国の主権を維持し、他国と対等関係に立たうとする各国の責務であると信ずる。

　日本国民は、国家の名誉にかけ、全力をあげてこの崇高な理想と目的を達成することを誓ふ。

第一章　天皇

第1条　天皇は、日本国の象徴であり日本国民統合の象徴であつて、この地位は、主権の存する日本国民の総意に基く。

第2条　皇位は、世襲のものであつて、国会の議決した皇室典範の定めるところにより、これを継承する。

第3条　天皇の国事に関するすべての行為には、内閣の助言と承認を必要とし、内閣が、その責任を負ふ。

第4条　天皇は、この憲法の定める国事に関する行為のみを行ひ、国政に関する権能を有しない。

②　天皇は、法律の定めるところにより、その国事に関する行為を委任することができる。

第5条　皇室典範の定めるところにより摂政を置くときは、摂政は、天皇の名でその国事に関する行為を行ふ。この場合には、前条第一項の規定を準用する。

第6条　天皇は、国会の指名に基いて、内閣総理大臣を任命する。

②　天皇は、内閣の指名に基いて、最高裁判所の長たる裁判官を任命する。

第7条　天皇は、内閣の助言と承認により、国民のために、左の国事に関する行為を行ふ。

　一　憲法改正、法律、政令及び条約を公布すること。
　二　国会を召集すること。
　三　衆議院を解散すること。
　四　国会議員の総選挙の施行を公示すること。
　五　国務大臣及び法律の定めるその他の官吏の任免並びに全権委任状及び大使及び公使の信任状を認証すること。
　六　大赦、特赦、減刑、刑の執行の免除及び復権を認証すること。
　七　栄典を授与すること。
　八　批准書及び法律の定めるその他の外交文書を認証すること。
　九　外国の大使及び公使を接受すること。
　十　儀式を行ふこと。

第8条　皇室に財産を譲り渡し、又は皇室が、財産を譲り受け、若しくは賜与することは、国会の議決に基かなければならない。

第二章　戦争の放棄

第9条　日本国民は、正義と秩序を基調とする国際平和を誠実に希求し、国権の発動たる戦争と、武力による威嚇又は武力の行使は、国際紛争を解決する手段としては、永久にこれを放棄する。
② 前項の目的を達するため、陸海空軍その他の戦力は、これを保持しない。国の交戦権は、これを認めない。

第三章　国民の権利及び義務

第10条　日本国民たる要件は、法律でこれを定める。
第11条　国民は、すべての基本的人権の享有を妨げられない。この憲法が国民に保障する基本的人権は、侵すことのできない永久の権利として、現在及び将来の国民に与へられる。
第12条　この憲法が国民に保障する自由及び権利は、国民の不断の努力によつて、これを保持しなければならない。又、国民は、これを濫用してはならないのであつて、常に公共の福祉のためにこれを利用する責任を負ふ。
第13条　すべて国民は、個人として尊重される。生命、自由及び幸福追求に対する国民の権利については、公共の福祉に反しない限り、立法その他の国政の上で、最大の尊重を必要とする。
第14条　すべて国民は、法の下に平等であつて、人種、信条、性別、社会的身分又は門地により、政治的、経済的又は社会的関係において、差別されない。
② 華族その他の貴族の制度は、これを認めない。
③ 栄誉、勲章その他の栄典の授与は、いかなる特権も伴はない。栄典の授与は、現にこれを有し、又は将来これを受ける者の一代に限り、その効力を有する。
第15条　公務員を選定し、及びこれを罷免することは、国民固有の権利である。
② すべて公務員は、全体の奉仕者であつて、一部の奉仕者ではない。
③ 公務員の選挙については、成年者による普通選挙を保障する。
④ すべて選挙における投票の秘密は、これを侵してはならない。選挙人は、その選択に関し公的にも私的にも責任を問はれない。
第16条　何人も、損害の救済、公務員の罷免、法律、命令又は規則の制定、廃止又は改正その他の事項に関し、平穏に請願する権利を有し、何人も、かかる請願をしたためにいかなる差別待遇も受けない。
第17条　何人も、公務員の不法行為により、損害を受けたときは、法律の定めるところにより、国又は公共団体に、その賠償を求めることができる。
第18条　何人も、いかなる奴隷的拘束も受けない。又、犯罪に因る処罰の場合を除いては、その意に反する苦役に服させられない。
第19条　思想及び良心の自由は、これを侵してはならない。
第20条　信教の自由は、何人に対してもこれを保障する。いかなる宗教団体も、国から特権を受け、又は政治上の権力を行使してはならない。
② 何人も、宗教上の行為、祝典、儀式又は行事に参加することを強制されない。
③ 国及びその機関は、宗教教育その他いかなる宗教的活動もしてはならない。
第21条　集会、結社及び言論、出版その他一切の表現の自由は、これを保障する。
② 検閲は、これをしてはならない。通信の秘密は、これを侵してはならない。
第22条　何人も、公共の福祉に反しない限り、居住、移転及び職業選択の自由を有する。
② 何人も、外国に移住し、又は国籍を離脱する自由を侵されない。
第23条　学問の自由は、これを保障する。
第24条　婚姻は、両性の合意のみに基いて成立し、夫婦が同等の権利を有することを基本として、相互の協力により、維持されなければならない。
② 配偶者の選択、財産権、相続、住居の選定、離婚並びに婚姻及び家族に関するその他の事項に関しては、法律は、個人の尊厳と両性の本質的平等に立脚して、制定されなければならない。
第25条　すべて国民は、健康で文化的な最低限度の生活を営む権利を有する。
② 国は、すべての生活部面について、社会福祉、社会保障及び公衆衛生の向上及び増進に努めなければならない。
第26条　すべて国民は、法律の定めるところにより、その能力に応じて、ひとしく教育を受ける権利を有する。
② すべて国民は、法律の定めるところにより、その保護する子女に普通教育を受けさせる義務を負ふ。義務教育は、これを無償とする。
第27条　すべて国民は、勤労の権利を有し、義務を負ふ。
② 賃金、就業時間、休息その他の勤労条件に関する基準は、法律でこれを定める。
③ 児童は、これを酷使してはならない。
第28条　勤労者の団結する権利及び団体交渉その他の団体行動をする権利は、これを保障する。
第29条　財産権は、これを侵してはならない。
② 財産権の内容は、公共の福祉に適合するやうに、法律でこれを定める。
③ 私有財産は、正当な補償の下に、これを公共のために用ひることができる。
第30条　国民は、法律の定めるところにより、納税の義務を負ふ。
第31条　何人も、法律の定める手続によらなければ、その生命若しくは自由を奪はれ、又はその他の刑罰を科せられない。
第32条　何人も、裁判所において裁判を受ける権利を奪はれない。

第33条　何人も、現行犯として逮捕される場合を除いては、権限を有する司法官憲が発し、且つ理由となつてゐる犯罪を明示する令状によらなければ、逮捕されない。

第34条　何人も、理由を直ちに告げられ、且つ、直ちに弁護人に依頼する権利を与へられなければ、抑留又は拘禁されない。又、何人も、正当な理由がなければ、拘禁されず、要求があれば、その理由は、直ちに本人及びその弁護人の出席する公開の法廷で示されなければならない。

第35条　何人も、その住居、書類及び所持品について、侵入、捜索及び押収を受けることのない権利は、第三十三条の場合を除いては、正当な理由に基いて発せられ、且つ捜索する場所及び押収する物を明示する令状がなければ、侵されない。

② 捜索又は押収は、権限を有する司法官憲が発する各別の令状により、これを行ふ。

第36条　公務員による拷問及び残虐な刑罰は、絶対にこれを禁ずる。

第37条　すべて刑事事件においては、被告人は、公平な裁判所の迅速な公開裁判を受ける権利を有する。

② 刑事被告人は、すべての証人に対して審問する機会を充分に与へられ、又、公費で自己のために強制的手続により証人を求める権利を有する。

③ 刑事被告人は、いかなる場合にも、資格を有する弁護人を依頼することができる。被告人が自らこれを依頼することができないときは、国でこれを附する。

第38条　何人も、自己に不利益な供述を強要されない。

② 強制、拷問若しくは脅迫による自白又は不当に長く抑留若しくは拘禁された後の自白は、これを証拠とすることができない。

③ 何人も、自己に不利益な唯一の証拠が本人の自白である場合には、有罪とされ、又は刑罰を科せられない。

第39条　何人も、実行の時に適法であつた行為又は既に無罪とされた行為については、刑事上の責任を問はれない。又、同一の犯罪について、重ねて刑事上の責任を問はれない。

第40条　何人も、抑留又は拘禁された後、無罪の裁判を受けたときは、法律の定めるところにより、国にその補償を求めることができる。

第四章　国会

第41条　国会は、国権の最高機関であつて、国の唯一の立法機関である。

第42条　国会は、衆議院及び参議院の両議院でこれを構成する。

第43条　両議院は、全国民を代表する選挙された議員でこれを組織する。

② 両議院の議員の定数は、法律でこれを定める。

第44条　両議院の議員及びその選挙人の資格は、法律でこれを定める。但し、人種、信条、性別、社会的身分、門地、教育、財産又は収入によつて差別してはならない。

第45条　衆議院議員の任期は、四年とする。但し、衆議院解散の場合には、その期間満了前に終了する。

第46条　参議院議員の任期は、六年とし、三年ごとに議員の半数を改選する。

第47条　選挙区、投票の方法その他両議院の議員の選挙に関する事項は、法律でこれを定める。

第48条　何人も、同時に両議院の議員たることはできない。

第49条　両議院の議員は、法律の定めるところにより、国庫から相当額の歳費を受ける。

第50条　両議院の議員は、法律の定める場合を除いては、国会の会期中逮捕されず、会期前に逮捕された議員は、その議院の要求があれば、会期中これを釈放しなければならない。

第51条　両議院の議員は、議院で行つた演説、討論又は表決について、院外で責任を問はれない。

第52条　国会の常会は、毎年一回これを召集する。

第53条　内閣は、国会の臨時会の召集を決定することができる。いづれかの議院の総議員の四分の一以上の要求があれば、内閣は、その召集を決定しなければならない。

第54条　衆議院が解散されたときは、解散の日から四十日以内に、衆議院議員の総選挙を行ひ、その選挙の日から三十日以内に、国会を召集しなければならない。

② 衆議院が解散されたときは、参議院は、同時に閉会となる。但し、内閣は、国に緊急の必要があるときは、参議院の緊急集会を求めることができる。

③ 前項但書の緊急集会において採られた措置は、臨時のものであつて、次の国会開会の後十日以内に、衆議院の同意がない場合には、その効力を失ふ。

第55条　両議院は、各々その議員の資格に関する争訟を裁判する。但し、議員の議席を失はせるには、出席議員の三分の二以上の多数による議決を必要とする。

第56条　両議院は、各々その総議員の三分の一以上の出席がなければ、議事を開き議決することができない。

② 両議院の議事は、この憲法に特別の定のある場合を除いては、出席議員の過半数でこれを決し、可否同数のときは、議長の決するところによる。

第57条　両議院の会議は、公開とする。但し、出席議員の三分の二以上の多数で議決したときは、秘密会を開くことができる。

② 両議院は、各々その会議の記録を保存し、秘密会の記録の中で特に秘密を要すると認められるもの以外は、これを公表し、且つ一般に頒布しなければならない。

③ 出席議員の五分の一以上の要求があれば、各議員の表決は、これを会議録に記載しなければならない。

第58条　両議院は、各々その議長その他の役員を選任する。
② 　両議院は、各々その会議その他の手続及び内部の規律に関する規則を定め、又、院内の秩序をみだした議員を懲罰することができる。但し、議員を除名するには、出席議員の三分の二以上の多数による議決を必要とする。
第59条　法律案は、この憲法に特別の定のある場合を除いては、両議院で可決したとき法律となる。
② 　衆議院で可決し、参議院でこれと異なつた議決をした法律案は、衆議院で出席議員の三分の二以上の多数で再び可決したときは、法律となる。
③ 　前項の規定は、法律の定めるところにより、衆議院が、両議院の協議会を開くことを求めることを妨げない。
④ 　参議院が、衆議院の可決した法律案を受け取つた後、国会休会中の期間を除いて六十日以内に、議決しないときは、衆議院は、参議院がその法律案を否決したものとみなすことができる。
第60条　予算は、さきに衆議院に提出しなければならない。
② 　予算について、参議院で衆議院と異なつた議決をした場合に、法律の定めるところにより、両議院の協議会を開いても意見が一致しないとき、又は参議院が、衆議院の可決した予算を受け取つた後、国会休会中の期間を除いて三十日以内に、議決しないときは、衆議院の議決を国会の議決とする。
第61条　条約の締結に必要な国会の承認については、前条第二項の規定を準用する。
第62条　両議院は、各々国政に関する調査を行ひ、これに関して、証人の出頭及び証言並びに記録の提出を要求することができる。
第63条　内閣総理大臣その他の国務大臣は、両議院の一に議席を有すると有しないとにかかはらず、何時でも議案について発言するため議院に出席することができる。又、答弁又は説明のため出席を求められたときは、出席しなければならない。
第64条　国会は、罷免の訴追を受けた裁判官を裁判するため、両議院の議員で組織する弾劾裁判所を設ける。
② 　弾劾に関する事項は、法律でこれを定める。

第五章　内閣

第65条　行政権は、内閣に属する。
第66条　内閣は、法律の定めるところにより、その首長たる内閣総理大臣及びその他の国務大臣でこれを組織する。
② 　内閣総理大臣その他の国務大臣は、文民でなければならない。
③ 　内閣は、行政権の行使について、国会に対し連帯して責任を負ふ。
第67条　内閣総理大臣は、国会議員の中から国会の議決で、これを指名する。この指名は、他のすべての案件に先だつて、これを行ふ。
② 　衆議院と参議院とが異なつた指名の議決をした場合に、法律の定めるところにより、両議院の協議会を開いても意見が一致しないとき、又は衆議院が指名の議決をした後、国会休会中の期間を除いて十日以内に、参議院が、指名の議決をしないときは、衆議院の議決を国会の議決とする。
第68条　内閣総理大臣は、国務大臣を任命する。但し、その過半数は、国会議員の中から選ばれなければならない。
② 　内閣総理大臣は、任意に国務大臣を罷免することができる。
第69条　内閣は、衆議院で不信任の決議案を可決し、又は信任の決議案を否決したときは、十日以内に衆議院が解散されない限り、総辞職をしなければならない。
第70条　内閣総理大臣が欠けたとき、又は衆議院議員総選挙の後に初めて国会の召集があつたときは、内閣は、総辞職をしなければならない。
第71条　前二条の場合には、内閣は、あらたに内閣総理大臣が任命されるまで引き続きその職務を行ふ。
第72条　内閣総理大臣は、内閣を代表して議案を国会に提出し、一般国務及び外交関係について国会に報告し、並びに行政各部を指揮監督する。
第73条　内閣は、他の一般行政事務の外、左の事務を行ふ。
一　法律を誠実に執行し、国務を総理すること。
二　外交関係を処理すること。
三　条約を締結すること。但し、事前に、時宜によつては事後に、国会の承認を経ることを必要とする。
四　法律の定める基準に従ひ、官吏に関する事務を掌理すること。
五　予算を作成して国会に提出すること。
六　この憲法及び法律の規定を実施するために、政令を制定すること。但し、政令には、特にその法律の委任がある場合を除いては、罰則を設けることができない。
七　大赦、特赦、減刑、刑の執行の免除及び復権を決定すること。
第74条　法律及び政令には、すべて主任の国務大臣が署名し、内閣総理大臣が連署することを必要とする。
第75条　国務大臣は、その在任中、内閣総理大臣の同意がなければ、訴追されない。但し、これがため、訴追の権利は、害されない。

第六章　司法

第76条　すべて司法権は、最高裁判所及び法律の定めるところにより設置する下級裁判所に属する。
② 　特別裁判所は、これを設置することができない。行政機関は、終審として裁判を行ふことができない。

③　すべて裁判官は、その良心に従ひ独立してその職権を行ひ、この憲法及び法律にのみ拘束される。

第77条　最高裁判所は、訴訟に関する手続、弁護士、裁判所の内部規律及び司法事務処理に関する事項について、規則を定める権限を有する。
②　検察官は、最高裁判所の定める規則に従はなければならない。
③　最高裁判所は、下級裁判所に関する規則を定める権限を、下級裁判所に委任することができる。

第78条　裁判官は、裁判により、心身の故障のために職務を執ることができないと決定された場合を除いては、公の弾劾によらなければ罷免されない。裁判官の懲戒処分は、行政機関がこれを行ふことはできない。

第79条　最高裁判所は、その長たる裁判官及び法律の定める員数のその他の裁判官でこれを構成し、その長たる裁判官以外の裁判官は、内閣でこれを任命する。
②　最高裁判所の裁判官の任命は、その任命後初めて行はれる衆議院議員総選挙の際国民の審査に付し、その後十年を経過した後初めて行はれる衆議院議員総選挙の際更に審査に付し、その後も同様とする。
③　前項の場合において、投票者の多数が裁判官の罷免を可とするときは、その裁判官は、罷免される。
④　審査に関する事項は、法律でこれを定める。
⑤　最高裁判所の裁判官は、法律の定める年齢に達した時に退官する。
⑥　最高裁判所の裁判官は、すべて定期に相当額の報酬を受ける。この報酬は、在任中、これを減額することができない。

第80条　下級裁判所の裁判官は、最高裁判所の指名した者の名簿によつて、内閣でこれを任命する。その裁判官は、任期を十年とし、再任されることができる。但し、法律の定める年齢に達した時には退官する。
②　下級裁判所の裁判官は、すべて定期に相当額の報酬を受ける。この報酬は、在任中、これを減額することができない。

第81条　最高裁判所は、一切の法律、命令、規則又は処分が憲法に適合するかしないかを決定する権限を有する終審裁判所である。

第82条　裁判の対審及び判決は、公開法廷でこれを行ふ。
②　裁判所が、裁判官の全員一致で、公の秩序又は善良の風俗を害する虞があると決した場合には、対審は、公開しないでこれを行ふことができる。但し、政治犯罪、出版に関する犯罪又はこの憲法第三章で保障する国民の権利が問題となつてゐる事件の対審は、常にこれを公開しなければならない。

第七章　財政

第83条　国の財政を処理する権限は、国会の議決に基いて、これを行使しなければならない。

第84条　あらたに租税を課し、又は現行の租税を変更するには、法律又は法律の定める条件によることを必要とする。

第85条　国費を支出し、又は国が債務を負担するには、国会の議決に基くことを必要とする。

第86条　内閣は、毎会計年度の予算を作成し、国会に提出して、その審議を受け議決を経なければならない。

第87条　予見し難い予算の不足に充てるため、国会の議決に基いて予備費を設け、内閣の責任でこれを支出することができる。
②　すべて予備費の支出については、内閣は、事後に国会の承諾を得なければならない。

第88条　すべて皇室財産は、国に属する。すべて皇室の費用は、予算に計上して国会の議決を経なければならない。

第89条　公金その他の公の財産は、宗教上の組織若しくは団体の使用、便益若しくは維持のため、又は公の支配に属しない慈善、教育若しくは博愛の事業に対し、これを支出し、又はその利用に供してはならない。

第90条　国の収入支出の決算は、すべて毎年会計検査院がこれを検査し、内閣は、次の年度に、その検査報告とともに、これを国会に提出しなければならない。
②　会計検査院の組織及び権限は、法律でこれを定める。

第91条　内閣は、国会及び国民に対し、定期に、少くとも毎年一回、国の財政状況について報告しなければならない。

第八章　地方自治

第92条　地方公共団体の組織及び運営に関する事項は、地方自治の本旨に基いて、法律でこれを定める。

第93条　地方公共団体には、法律の定めるところにより、その議事機関として議会を設置する。
②　地方公共団体の長、その議会の議員及び法律の定めるその他の吏員は、その地方公共団体の住民が、直接これを選挙する。

第94条　地方公共団体は、その財産を管理し、事務を処理し、及び行政を執行する権能を有し、法律の範囲内で条例を制定することができる。

第95条　一の地方公共団体のみに適用される特別法は、法律の定めるところにより、その地方公共団体の住民の投票においてその過半数の同意を得なければ、国会は、これを制定することができない。

第九章　改正

第96条　この憲法の改正は、各議院の総議員の三分の二以上の賛成で、国会が、これを発議し、国民に提案してその承認を経なければならない。この承認には、特別の国民投票又は国会の定める選挙の際行

はれる投票において、その過半数の賛成を必要とする。
② 憲法改正について前項の承認を経たときは、天皇は、国民の名で、この憲法と一体を成すものとして、直ちにこれを公布する。

第十章　最高法規

第97条　この憲法が日本国民に保障する基本的人権は、人類の多年にわたる自由獲得の努力の成果であつて、これらの権利は、過去幾多の試錬に堪へ、現在及び将来の国民に対し、侵すことのできない永久の権利として信託されたものである。

第98条　この憲法は、国の最高法規であつて、その条規に反する法律、命令、詔勅及び国務に関するその他の行為の全部又は一部は、その効力を有しない。
② 日本国が締結した条約及び確立された国際法規は、これを誠実に遵守することを必要とする。

第99条　天皇又は摂政及び国務大臣、国会議員、裁判官その他の公務員は、この憲法を尊重し擁護する義務を負ふ。

第十一章　補則

第100条　この憲法は、公布の日から起算して六箇月を経過した日から、これを施行する。
② この憲法を施行するために必要な法律の制定、参議院議員の選挙及び国会召集の手続並びにこの憲法を施行するために必要な準備手続は、前項の期日よりも前に、これを行ふことができる。

第101条　この憲法施行の際、参議院がまだ成立してゐないときは、その成立するまでの間、衆議院は、国会としての権限を行ふ。

第102条　この憲法による第一期の参議院議員のうち、その半数の者の任期は、これを三年とする。その議員は、法律の定めるところにより、これを定める。

第103条　この憲法施行の際現に在職する国務大臣、衆議院議員及び裁判官並びにその他の公務員で、その地位に相応する地位がこの憲法で認められてゐる者は、法律で特別の定をした場合を除いては、この憲法施行のため、当然にはその地位を失ふことはない。但し、この憲法によつて、後任者が選挙又は任命されたときは、当然その地位を失ふ。

学ぶ・わかる・みえる
シリーズ 保育と現代社会
保育と日本国憲法

2018年11月15日　初版第1刷発行
2024年3月1日　初版第6刷発行

編　　集	橋本　勇人
発 行 者	竹鼻　均之
発 行 所	株式会社　みらい
	〒500-8137　岐阜市東興町40　第5澤田ビル
	TEL　058-247-1227(代)
	FAX　058-247-1218
	https://www.mirai-inc.jp/
印刷・製本	株式会社　太洋社

ISBN978-4-86015-460-8 C3032
Printed in Japan　　　乱丁本・落丁本はお取り替え致します。